Karl-Heinz Otto

KURFÜRSTEN*KÖNIGE*KAISER

HOHENZOLLERN IN BRANDENBURG & PREUSSEN

MÄRKISCHE REISEBILDER

Kulturhistorischer Führer in Wort und Bild

EDITION MÄRKISCHE REISEBILDER

Impressum
1. Auflage 2000
EDITION MÄRKISCHE REISEBILDER • Potsdam

Korrektur: Regine Miks
Herstellung: Elbe-Druckerei Wittenberg
Vertrieb:
Über den Verlag EMR
FON & FAX: 03 31/2 70 17 87

Umschlaggestaltung:

Abbildung Titelseite:
Denkmal des Großen Kurfürsten
Abbildung Rückseite:
Schloss Sanssouci

EDITION MÄRKISCHE REISEBILDER
ISBN 3-934232-19-1

Askanier, Wittelsbacher und Luxemburger

Brandenburg darf sich heute einer über 1000-jährigen Geschichte rühmen. Eine lange, wechselvolle Geschichte, deren dunkle Anfänge im 10. Jahrhundert zu suchen sind. Sie beginnt in den Jahren 928/929, als König Heinrich I. einen Feldzug gegen die slawischen Heveller gewinnt und deren Hauptburg »Brennaburg« erobert, die von nun an eng mit dem Schicksal des zwischen Elbe und Oder neu entstehenden Landes verknüpft sein wird und schließlich dessen Namensgeber werden soll. Zwanzig Jahre später, im Jahre 948, werden auf dem Magdeburger Fürstentag die Bistümer Brandenburg und Havelberg errichtet. Doch im Sommer 983 wehren sich die slawischen Stämme gegen die deutschen Kolonisatoren und behalten für weitere 160 Jahre ihre Unabhängigkeit.

Als im April 1134 Albrecht der Bär (1100 – 1170) aus dem im Nordharz beheimateten sächsischen Adelsgeschlecht der Askanier von Kaiser Lothar mit der Nordmark belehnt wird, soll sich deren Schicksal endgültig zu Gunsten des tatendurstigen Sachsen wenden. Doch noch einmal 23 Jahre benötigt der askanische Markgraf, um endlich am 11. Juni 1157 im Bunde mit dem Magdeburger Erzbischof Wichmann den aufsässigen Slawenfürsten Jacza de Copnic zu besiegen und erneut die Brennaburg zu erobern. Wenn auch die heißumkämpfte Brennaburg erst einmal zur einen Hälfte in königlichen und zur anderen in bischöflichen Besitz gelangt, nennt sich Albrecht der Bär forthin trotzdem Markgraf zu Brandenburg. Ein guter Grund, den 11. Juni 1157 als Geburtsstunde Brandenburgs in die Annalen des Landes aufzunehmen.

Während ihrer beinahe zweihundertjährigen Herrschaft formen die sächsischen Askanier aus der Mark Brandenburg eine aufblühende deutsche Region. Neben Stendal, Tangermünde, Frankfurt, Prenzlau und Spandau gründen sie nach westlichem Vorbild über 100 neue Städte. Und bald findet ihr beispielhaftes Aufbauwerk die gebührende kaiserliche Anerkennung: Bereits im 13. Jahrhundert rücken die askanischen Markgrafen von Brandenburg als Reichskämmerer in den exklusiven Club der sieben Kurfürsten auf. Als Träger der Kurwürde, die sie befugt, an der Wahl des deutschen Kaisers teilzunehmen, gehören die Askanier nun zur höchsten Klasse und zu den mächtigsten Männern des deutschen Reichsadels.

Doch als im Jahre 1320 das Geschlecht der sächsisch-brandenburgischen Askanier verlischt, erhält die Entwicklung Brandenburgs einen herben Schlag, von dem sich das Land in den nächsten beinahe hundert Jahren nicht erholen sollte. Die Nachbarn nutzen das Machtvakuum und holen sich vermeintlichen Grenzbesitz zurück. Dem ausbrechenden Chaos, in dem das Faustrecht des Stärkeren regiert, macht Ludwig der Bayer 1324 nur ein scheinbares Ende: Er zieht Brandenburg als erledigtes Reichslehen ein und schanzt es samt Kurstimme seinem erst acht Jahre alten Sohn Ludwig V. zu. Eine wahrlich königliche Entscheidung, um die eigene, die Wittelsbacher, Hausmacht zu stärken und das Haus Askanien zu verdrängen. Die nun als Markgrafen eingesetzten Bayern, von Ludwig V. über Ludwig den Römer bis zu Otto dem Faulen, regieren die Mark aus der Ferne von ihren extravaganten Residenzen in Bayern, Tirol und Rom. Der letzte Wittelsbacher Markgraf und Kurfürst von Brandenburg, Otto der Faule, heiratet Katharina, die Tochter Kaiser Karls IV. Auch dieser Bayer kümmert sich nicht um das immer mehr im Chaos versinkende Brandenburg und führt ein sorgenfreies Leben am kaiserlichen Hof in Prag. Doch längst hat der Luxemburger Kaiser seine Begierden auf die Mark im Norden gerichtet. Im Jahre 1373 nötigt Karl IV. schließlich den Schwiegersohn Otto zu seinen und zu Gunsten seines Sohnes Wenzel zum Verzicht auf die Mark Brandenburg, die nun aus den Händen der Wittelsbacher in die Regie der Luxemburger Dynastie gelangt. Immerhin kostete der Handel Kaiser Karl IV. die stattliche Summe von einer halben Million Gulden. Aber dieses Geld, mit dem sich Otto der Faule diskret aus der anstrengenden Politik ins Privatleben zurückzog, hatte der Kaiser mit guten Zinsen angelegt, denn er wusste, am Ende würde er das Mehrfache aus seiner so kampflos gewonnenen Provinz pressen. Und Karl IV. ging die Sache ganz systematisch an, schließlich sagte man dem in Prag thronenden Kaiser nicht ohne Grund nach, dass er zu den intelligentesten und gebildetsten Männern seiner Zeit zählte. Schließlich hatte er als Käufer das Recht und die Pflicht, erst einmal Bilanz über die Zinsen versprechende Ware zu ziehen. Das Ergebnis, das berühmte, im Jahre 1475 erschienene »Landbuch der Mark Brandenburg«, ist bekannt. Der angesehene Luxemburger Kaiser hatte mit dieser ersten umfassenden Bestandsaufnahme zwar Ordnung in die Buchführung seiner frisch erworbenen Mark gebracht, am chaotischen Zustand Brandenburgs längerfristig jedoch nichts ändern können. Lediglich die erssten fünf Jahre, als Karl IV. von Tangermünde aus, das er neben Prag als Residenz ausbaute, statt seines Sohnes Wenzel die Geschicke Brandenburgs selbst lenkte, besserte sich die Lage.

Doch auch Karls Söhne Wenzel und Sigismund erweisen sich als schlechte Regenten der Mark. Als Sigismund gar zum ungarischen König avanciert, verliert er vollends das Interesse an Brandenburg, das er nun an seinen Vetter Jobst von Mähren verpfändet. Als Markgraf Jobst von Mähren, der sich noch weniger in Brandenburg aufhielt als die Wittelsbacher, im Jahre 1411 stirbt, fällt das Land wieder an König Sigismund zurück, der im fernen Ofen (Budapest) thront. Brandenburg aber gehört noch immer zu den unsichersten Ländern des Reiches. Handwerk, Handel und Landwirtschaft leiden unter der Raubgier und Willkür des einheimischen Adels.

Um dem Brandenburger Chaos endlich wirksam zu begegnen, ernennt Kaiser Sigismund den Burggrafen von Nürnberg, Friedrich VI., aus dem Hause Hohenzollern am 8. Juli 1411 zum obersten Hauptmann und Verweser der Mark Brandenburg.

Damit beginnt die 500-jährige, von 1411 bis 1918 währende, Regentschaft der Hohenzollern-Dynastie mit elf Kurfürsten von Brandenburg und neun Königen von Preußen, wovon drei die deutsche Kaiserkrone trugen.

Der epochale Dynastiewechsel und Beginn der Hohenzollern-Herrschaft unter Kurfürst Friedrich I.

Als Burggraf von Nürnberg gehörte der Hohenzoller Friedrich VI. zur Schar der Bediensteten des deutschen Kaisers Sigismund, die im allgemeinen nicht mit mehr als einer Fußnote in den Geschichtsannalen gewürdigt wurden. So war es auch dem Spross der in Franken ansässigen Linie des schwäbischen Hohenzollernhauses keineswegs vorbestimmt gewesen, einst der Begründer der brandenburgisch-preußischen Dynastie zu werden und als Kurfürst von Brandenburg in den elitären Zirkel des Reichsadels aufzusteigen.

Dabei hatte Friedrich seinem Dienstherren mit all seinen begnadeten diplomatischen Fähigkeiten ehrgeizig und stets loyal gedient, sodass Sigismund seinen Nürnberger Vasallen bald für komplizierte diplomatische Missionen als unabkömmlich betrachtete. Bei der Wahl Sigismunds zum deutschen Kaiser hatte Friedrich nicht mit Krediten und diplomatischem Einsatz gegeizt. Außerdem konnte der Hohenzoller auf einen ansehnlichen Stammbaum verweisen. Kaiser Friedrich II. und König Rudolf von Habsburg zählten zu seinen stolzen Ahnen, und seine Vermählung mit Elisabeth von Bayern aus dem Hause Wittelsbach gehörte auch zu den Pfunden, mit denen er im Machtpoker des Reiches wuchern konnte.

So darf es also nicht als purer Zufall gewertet werden, dass Kaiser Sigismund sich gerade den energischen fränkischen Hohenzollern auserkor, um sich von ihm seine Verwaltungsgeschäfte in dem aus allen Fugen geratenen Brandenburg mit Geschick und Erfolg erledigen zu lassen.

Ein Blick in die kaiserliche Bestallungsurkunde, in der Sigismund Friedrich VI. zum Verweser und Hauptmann der Mark bestimmt, spricht für sich: *»Da wir zu sorgenvoller Bürde und Arbeit, die uns die Regierung unserer Königreiche, Länder und Leute auferlegte, auch noch zum Oberhaupt des Heiligen Römischen Reiches berufen sind, tritt an uns die Notwendigkeit heran, Fürsten zu berufen, durch welche die Länder, die wir in eigener Person nicht regieren können, gleichwohl versehen und unsere Sorge und Bürde einigermaßen verringert werden. Und da wir die Mark Brandenburg, die uns etwas abgelegen ist, desto aufmerksamer in unserer Beachtung haben, da sie unser väterliches Erbe und unser erstes Fürstentum ist, erschien es uns geraten, daß wir sie mit einem solchen Verweser und Hauptmann versehen, der es versteht, sie mit Weisheit und Redlichkeit zu verwalten und ihr den Frieden zu geben.«*

Anfangs betrachtete Friedrich die Wahrnehmung des neuen Amtes ganz im Sinne des Zeitgeistes als lukratives Geschäft. Immerhin hatte ihm der Kaiser 100 000 rote ungarische Gulden als Anschubfinanzierung vorgeschossen, die nun erst einmal als Hypothek die Mark belasteten. Da seine Verwaltungsaufgaben im eigenen fränkischen Land und die zahlreichen anderen Missionen als kaiserlicher Beamter und als Sigismunds erster Berater bereits viel Kraft erforderten, schickte er seinen ihm ergebenen Gefolgsmann, den Ritter Wend von Ileburg, ins sittenrauhe Brandenburg. Ileburg forderte den Adel auf, die markgräflichen Burgen mit den damit verbundenen einträglichen Pfründen herauszugeben. Doch der alteingesessene märkische Adel, allen voran die in der Prignitz herrschenden Quitzows und die Gänse zu Putlitz, dachten nicht daran, auch nur eine Handbreit des annektierten Besitzes an den Nürnberger abzutreten.

So brach Burggraf Friedrich schließlich im Juni 1412 mit stattlichem fränkischem Gefolge in die Mark Brandenburg auf, um die Huldigung der Stände zu empfangen. Dabei konnte er mit der Huldigung der Städte Berlin, Cölln, Spandau und Brandenburg immerhin die Gunst der mittelmärkischen Stände erlangen, die des langjährigen Landfriedensbruchs durch den Raubadel überdrüssig waren. Die Altmärker und Prignitzer Stände verweigerten dem Nürnberger Verweser jedoch jegliche Aufmerksamkeit. Und einer von ihnen, der als Raubritter in der gesamten Mark gefürchteten Quitzow-Brüder brachte deren Stimmung auf den Punkt: *»Was will der Fremdling in unserer Mark? Wir können den Nürnberger Tand hierzulande nicht brauchen! Und wenn´s ein Jahr hindurch Markgrafen von Nürnberg regnete, wir ließen sie nicht aufkommen!«*

Der Konflikt zwischen dem Hohenzollern und Teilen des eingesessenen Adels war also vorprogrammiert. Zwei Jahre lang residiert Friedrich deshalb in Tangermünde, um mit diplomatischem Geschick und militärischer Gewalt den unbotmäßigen Adel in die Knie zu zwingen. So formiert Friedrich eine kleine, aber umso schlagkräftigere Streitmacht, die er mit den neuesten Waffen ausrüstet: mit Kanonen, die ihm seine Verbündeten vom Deutschen Orden und den sächsischen Askaniern leihen. Zu besonderem Ruhm gelangt dabei die »Faule Grete«, eine gußeiserne Kanone, deren 24 Pfund schwere Steinkugeln selbst den mächtigen Mauern der Burgen von Plaue und Kletzke nicht standhalten. Zwei Jahre benötigt Friedrich, um die Raubritternester der Quitzows und der Gänse zu Putlitz zu vernichten. Bereits im März 1414 kann er auf dem Landtag von Tangermünde über den aufsässigen Adel zu Gericht sitzen und eine durchgreifende Landfriedensordnung erlassen, die zum Leidwesen seiner Widersacher sogar die waffentragenden Gefolge des Adels unter die Kontrolle des Landeshauptmanns der Mark zwingt. Doch der Hohenzoller ist zu klug, um den besiegten Adel nicht übermäßig zu demütigen und sich auf Dauer zum Feind zu machen. Vielmehr gibt er den Quitzows und Putlitz´ ihre Besitztümer und Ämter zurück und gewinnt sie damit als Verbündete, die er nötig gegen die an den Grenzen lauernden Pommern, Mecklenburger und Polen braucht.

Ob dieser sichtbaren Erfolge kann Kaiser Sigismund nicht mehr länger warten, um sein aus Anlass der Übernahme des Verweser-Amtes gegebenes Versprechen einzulösen und Friedrich VI. die begehrte Markgrafen- und Kurfürstenwürde zu übertragen. Gelegenheit für diesen epochalen Regierungsakt bietet das zwischen 1414 und 1418 tagende Konstanzer Konzil. Hier, im Beisein der höchsten klerikalen und weltlichen Würdenträger des Reiches, belehnt Kaiser Sigismund am 30. 04. 1515

Friedrich VI. mit der Würde eines Markgrafen, Kurfürsten und Erzkämmerers des Heiligen Römischen Reichs. Mit den neuen Titeln versehen, steigt der Hohenzoller in den mächtigsten Zirkel des Reichsadels auf und nennt sich nun Kurfürst Friedrich I.

Die endgültige feierliche Belehnung Friedrichs I. mit der Mark Brandenburg und allen Reichstiteln vollzieht der Kaiser auf demselben Konzil am 18. 8. 1417. Von diesem Tag an gilt die Mark Brandenburg als erblicher Besitz der Hohenzollern.

Nachdem Friedrich sein Hauptziel erreicht hatte, zog er sich auf seine fränkische Codolzburg bei Ansbach zurück und hielt sich nur noch selten, vor allem während entscheidender Feldzüge, in der Mark auf. Im Jahre 1426 beehrt Kurfürst Friedrich I. sein Land zum letzten Mal mit seiner Anwesenheit. Auf dem Landtag in Rathenow übergibt er nun die Brandenburger Amtsgeschäfte endgültig an seinen Sohn Johann I., genannt der Alchimist (1406 – 1464). Im Jahre 1437 entbindet Friedrich Johann I. von dessen Amt und ernennt seinen zweiten Sohn Friedrich II. zum Regenten der Mark. In Brandenburg vergaß man den ersten »märkischen« Hohenzoller recht schnell, denn er war nie Brandenburger geworden und hatte sich selbst eher als Verwalter denn als Landesvater gefühlt. Immerhin hatte Friedrich I. der geschundenen Mark einen relativ stabilen Landfrieden gebracht. Die letzten Jahre seines Lebens widmete Friedrich I. vor allem den Interessen seiner fränkischen Erblanden und der Reichspolitik. Nach dem Tode Kaiser Sigismunds bewirbt er sich um die Reichskrone, scheitert jedoch. Im Jahre 1440 stirbt Friedrich I. auf seiner fränkischen Codolzburg und gibt den märkischen Kurhut an seinen Sohn Friedrich II. weiter.

An die Widersacher Friedrichs I. erinnern die Grabmäler des Raubritterclans der Quitzows im Prignitzdorf Kletzke.

Kurfürst Friedrich II. – Eisenzahn – gründet den Schwanenorden und bricht die Macht der aufbegehrenden Städte

Als im Jahre 1440 der Markgraf von Bayreuth als Friedrich II. die Kurmark Brandenburg übernahm, hatte er während seiner dreijährigen Regentschaft statt seines kurfürstlichen Vaters Friedrich I. seinem Ruf als der Eiserne oder Eisenzahn bereits alle Ehre gemacht. Nun, da ihm endlich der Kurhut aufgesetzt worden war, machte er mit seinen Plänen Ernst. Noch immer war die Landesherrschaft nicht so gefestigt, wie es den Träumen des Hohenzollern entsprach. Dabei steht der ehrgeizige Kurfürst vor zwei Problemen: Zum einen nimmt er sich vor, die erneut aufkeimende Adelswillkür zu brechen und zum anderen missfällt ihm die politische Stärke der märkischen Städte, die sich während des lange währenden Machtvakuums und der Raubritterjahre bedeutende Privilegien zugelegt hatten.

Dabei versuchte Friedrich II. der Unbotmäßigkeit, den erneut aufflackernden Raubgelüsten und dem zunehmenden Sittenverfall des Adels außer durch politisch-rechtliche Schritte auch moralisch zu begegenen. Gleichnishaft legte der Kurfürst über seine eiserne Ritterrüstung, ohne die er sich nie außer Haus begeben haben soll, einen weichen anschmeichelnden Hermelinmantel und trat, so kostümiert, bereits neun Tage nach dem Tod seines Vaters am 29. September 1440 vor den in der auf dem Brandenburger Harlunger Berg stehenden symbolträchtigen Marienkirche versammelten märkischen Adel. Hier stiftete er den »Orden von unserer lieben Frauen Kettenträger«. Sein Zeichen war neben dem von Sonne und Mond gerahmten Bildnis der Jungfrau Maria ein Schwan, weshalb er als Schwanenorden in die Geschichte einging. Die Ordensträger waren verpflichtet, *»nach ihrem Stande ehrbar zu leben, sich vor aller Missetat, Unfug und Unehre treulich zu bewahren, alle Streitigkeiten dem Urteil der Gesellschaft zu unterwerfen, dagegen die anderen ohne Grund angetastete Ehre der Genossen zu verteidigen.«* Damit hatte Friedrich dem brandenburgischen Adel ein Sittengesetz verordnet, das forthin die Gesetzesbrecher außerhalb der Gesellschaft stellen sollte. Doch vorerst hatten seine von ethisch christlicher Gesinnung getragenen Bemühungen nur mäßigen Erfolg, denn weder die Quitzows noch die Gänse zu Putlitz traten dem Orden bei. Jene Adelsherren, die den Schwanenorden jedoch aus den Händen des Kurfürsten entgegennahmen, sollten für ihre erwiesene landesherrliche Treue fürstlich belohnt werden. So legten u. a. die Adelsfamilien von Schulenburg und von Alvensleben, von Jagow und von Arnim mit ihrem Beitritt zum Schwanenorden den Grundstein für ihren wachsenden Reichtum und politischen Einfluss in der Mark.

Während Friedrich I. noch wenig Gelegenheit und Macht verspürte, die immer stärker werdenden Städte in seine Botmäßigkeit zu zwingen, ließ Friedrich Eisenzahn von Anbeginn seiner Herrschaft den Räten der märkischen Städte gegenüber keinen Zweifel aufkommen, was sie künftig vom Landesherren zu erwarten hatten. Bereits bei der Antrittshuldigung im Jahre 1440 weigerte sich der Hohenzoller, die zum Gewohnheitsrecht gewordenen städtischen Privilegien in allen Einzelheiten erneut zu bestätigen. Im Ringen zwischen landesherrlichen und städtischen Interessen kam es deshalb schon bald zu einer Art Musterkampf zwischen Friedrich II. und der nach ihrem Zusammenschluss besonders erstarkten Doppelstadt Berlin-Cölln. Dabei kam dem Kurfürsten eine hier tobende und für die Städte des Spätmittelalters typische Auseinandersetzung zwischen dem die Räte dominierenden Patriziern und den handwerklichen Zünften zupass. Der Berlin-Cöllner Rat rief dabei den Landesherren als Schlichter an. Und Friedrich Eisenzahn nutzte die Chance auf freche Weise. Entgegen allen Verpflichtungen, die selbst dem Kurfürsten geboten, nur waffenlos die Städte zu betreten, zog er an der Spitze von 600 bewaffneten Rittern durch die Cöllner Stadttore in die Doppelstadt an der Spree ein. Herrschsüchtig verwarf er nun die wesentlichen Privilegien des Berlin-Cöllner Rates, machte die Bestallung der Räte von seiner Gnade abhängig, ließ den Berliner Roland als Symbol des Marktrechtes und eigener Gerichtsbarkeit stürzen und verbot alle Bündnisse mit anderen Städten und auch die Zugehörigkeit zur Hanse.

Am stärksten aber traf er den Stolz des Berlin-Cöllner Bürgertums mit seiner kurfürstlichen Verfügung zum Bau eines Stadtschlosses am Cöllner Ufer der Spree, da ihm die »aula Berlin« in der Klosterstraße zwar als bürokratische Verwaltung nicht aber als repräsentative Residenz genügte. Eine kurfürstliche Burg inmitten der Stadtmauern mussten die freien Bürger als Zwingburg und als schwere Demütigung empfinden.

Damit hatte Friedrich Eisenzahn mit den Berlinern eine Urfehde begonnen, die schließlich im »Berliner Unwillen« ihren Höhepunkt fand. Nach der 1443 erfolgten Grundsteinlegung suchten die Berliner mit allen Mitteln den Bau des Schlosses zu verhindern. Dennoch gelang es ihnen nicht, den Willen Eisenzahns zu brechen.1448 gaben sie schließlich nach, sodass der Kurfürst endlich im Jahre 1451 sein Cöllner Schloss beziehen konnte. Damit hatte er die Grundlage dafür gelegt, dass Berlin gegenüber Brandenburg und Oranienburg, Tangermünde und Potsdam zur ersten Residenz Brandenburgs und später Preußens avancierte. Das als Zwingburg gegen den Willen der Bürger Berlins erbaute Schloss aber sollte nun für beinahe fünf Jahrhunderte Berlins Mitte dominieren.

Mit der schmerzlichen Einschränkung der Selbstbestimmung des Berlin-Cöllner Rates hatte Friedrich II. Maßstäbe seiner Landespolitik gesetzt. Von nun an war es nur noch eine Frage der Zeit, dass sich schließlich auch die Räte der anderen märkischen Städte dem Willen des Landesherren unterwarfen.

Kurz vor seinem Tode zog sich auch Friedrich II. nach Franken zurück, wo er 1471 ohne männlichen Erben starb. Er hinterließ seinem nun regierenden Bruder Albrecht III. eine innerlich relativ gefestigte Mark. Sein Ziel, die territoriale Größe der askanischen Mark wieder zu erreichen, hatte er nicht vollends verwirklichen können. Immerhin war ihm 1454 durch den Rückkauf der Neumark vom Deutschen Orden ein beachtlicher Erfolg geglückt.

Kurfürst Albrecht III. – Achilles – verfügt die »Dispositio Achillea«, das Hohenzollernsche Hausgesetz mit weitreichenden Folgen

Albrecht III. gehörte wie bereits sein Bruder Friedrich II. zu einer Hohenzollern-Generation, die in der Mark Brandenburg, auf der väterlichen Burg von Tangermünde, geboren worden war. Doch nur die ersten zwölf Lebensjahre hielt es Albrecht in der kurfürstlichen märkischen Residenz aus. Dann trat er als junger Ritter, der Tradition seines Adelshauses folgend, in den Dienst des Königs und verdiente sich auf Europas Schlachtfeldern gegen Polen und Türken seine ersten Sporen. Wegen seiner Tapferkeit avancierte er schließlich zum Reichshauptmann.

Doch die kaiserliche Gunst währte nicht ewig. Nachdem Albrecht seine Tochter mit einem polnischen Königssohn verheiratet hatte, kündigte Kaiser Friedrich III. dem Frankenfürsten die Freundschaft auf, und Albrecht zog sich auf seine fränkischen Besitzungen zurück. Hier nun gilt sein ganzer Ehrgeiz dem Ziel, seine Länder Ansbach und Kulmbach mit den Städten und Bistümern rund um Nürnberg zu einem starken, den Wittelsbachern gewachsenen Herzogtum zu vereinigen. Dabei träumt er davon, einst unangefochten den Titel eines Herzogs von Franken führen zu dürfen. Doch Albrechts Träume platzen wie Seifenblasen. Trotz seiner Kämpfernatur scheitert sein territorialer Lebensplan am Selbstbehauptungswillen der freien Reichsstadt Nürnberg. Im Prager Frieden von 1463 muss er schließlich seine gegenüber den Bayern erhobenen Ansprüche aufgeben.

Otto Hintze beschrieb Albrecht III, der als eine der schillerndsten und talentiertesten Fürstengestalten seiner Zeit zählte, als *»eine Kraftnatur, strotzend von Lebenslust und Tatendrang, überall der erste bei Turnier und Tanz wie im Rat und im Felde; eine hohe, schöne, männliche Erscheinung, ein Liebling der Frauen . . .; immer voran in Sturm und Streit, am ganzen Körper mit Narben bedeckt; zugleich ein glänzender, schlagfertiger Diplomat . . .; dabei aber impulsiv und gewaltsam, von derber Ursprünglichkeit und durch beißenden Spott oft unbedacht verletzend, herrisch und ungestüm, ein abgesagter Feind vor allem des städtischen Bürgertums, durchdrungen vom Hochgefühl fürstlicher Herrlichkeit.«*

Auf dem diplomatischen Parkett und allen entscheidenden Schlachten im Kaiserreich zu Hause, verwundert es nicht, dass Albrecht in den höchsten Kreisen weltlicher und klerikaler Würdenträger ein gern gesehener Gast war. So verdankte er der Freundschaft zu Papst Pius II. seinen glanzvollen und sein Naturell treffend charakterisierenden Beinamen »Achilles«.

Als Albrecht Achilles im Jahre 1470 den Kurhut aufsetzte, stand er bereits im 56. Lebensjahr. Doch der seit Jahren auf die fränkischen Stammlande fixierte Adelsmann verspürte wenig Lust, seinen Lebenszirkel in das triste Brandenburg zu verlegen. In der Mark hielt sich der Kurfürst deshalb nur selten auf. So weilte Albrecht während seiner 16-jährigen Regierungszeit gerade einmal 35 Monate in der Mark. Er »besuchte« Brandenburg vorrangig dann, wenn er seine Streitmacht mit tatkräftiger Unterstützung der fränkischen Ritterheere gegen die Pommern im Norden und die von Osten drängenden Ungarn führen musste, um mit zähem persönlichem Einsatz den Bestand der Mark erfolgreich zu behaupten. So gehört es zu den Verdiensten Albrechts, die Ostgrenze gegen die Ungarn gesichert und in der Auseinandersetzung mit den Pommernherzögen wenigstens den Status quo wiederhergestellt zu haben. Doch die Kriege und seine trotz der ihm eigenen Sparsamkeit recht prunkvolle Hofhaltung verschlangen Unmengen von Geld. Für seine militärischen Aktivitäten war Albrecht auf die Gunst des märkischen Adels angewiesen. Und die märkischen Adelsgeschlechter von Schulenburg, von Alvensleben; von Bredow, von Arnim, von Sparr und von Hotzendorff ließen sich vom Kurfürsten für ihre politische und militärische Unterstützung einträglich honorieren.

Albrecht Achilles verstand es jedoch nicht nur Geld auszugeben. Vielmehr bewies er großes Geschick als gestrenger und umsichtiger Finanzmann und führte als erster Hohenzoller eine genaue Rechnungslegung ein. Auch im Erfinden neuer Steuern zeigte der Kurfürst Talent. Um die schwindsüchtigen kurfürstlichen Kassen wieder aufzufüllen, forderte er 1472 auf dem nach Berlin-Cölln einberufenen Landtag von den Ständen und Städten die stattliche Summe von 100 000 Gulden, die sie durch Entrichtung der Bier- und Weinsteuer aufbringen sollten. Um den Zorn der Stände zu dämpfen, gestattete er, die Summe über vier Jahre verteilt zu zahlen. Wenn Albrecht Achilles auf dem Landtag glimpflich davongekommen war, so konnten sich doch die recht trinkfreudigen Bürger der märkischen Städte mit der Biersteuer

Der Roland von Brandenburg/Havel erinnert an die einstige Stärke der mittelalterlichen märkischen Städte im Kräftepoker mit den Kurfürsten.

nicht anfreunden und gingen zum offenen Aufruhr gegen den unverschämten Kurfürsten über. Doch Albrecht Achilles stand nicht der Sinn, sich mit dem städtischen Bürgertum zu streiten. Er wählte den bequemeren Weg und übertrug bereits 1473, nach nur dreijähriger Regentschaft, seinem Sohn Johann die Bürde der Statthalterschaft, um sich auf die Cadolzburg, den Stammsitz der fränkischen Hohenzollern, zurückzuziehen.

Das größte Verdienst zugunsten der Hohenzollern-Dynastie erwarb sich Albrecht Achilles ohne Zweifel durch sein als »Dispositio Achillea« in die Geschichtsbücher eingegangenes politisches Testament. In dem später als Hohenzollernsches Hausgesetz akzeptierten Dokument schreibt Albrecht die territoriale Unteilbarkeit der Mark Brandenburg fest und bricht damit mit dem mittelalterlichen Gewohnheitsrecht der fortwährenden Aufteilung der Länder an alle männlichen Erben. Brandenburg wird somit als unteilbares, unverkäufliches und unpfändbares Gut in der Linie des ältesten Sohnes nach dem Recht der Erstgeburt weiter vererbt. Mit dieser klugen Festlegung legte Albrecht Achilles einen wesentlichen Grundstein für den künftigen Aufstieg Brandenburgs.

Während der Kaiserwahl Maximilians I. starb Albrecht III. 1486 in Frankfurt am Main. Obwohl er ein prunkvolles Leben geführt hatte, hinterließ er stattliche Finanzen und einen geordneten Haushalt. Seine letzte Ruhe fand Albrecht III. in der Klosterkirche zu Heilbronn.

Kurfürst Johann II. Cicero – ein gebildeter Friedensstifter

Als Johann II. das kurfürstliche Zepter der Mark Brandenburg im Jahre 1486 übernimmt, ist er mit dem Lande und seinen Problemen bereits gut vertraut. Immerhin regiert er das Land nun schon seit 13 Jahren als Statthalter. So ist es nur billig, dass der Sohn die Politik des Vaters ohne Brüche weiterführt.

Johann galt als gebildeter und beredter Kurfürst. Deshalb vertraute er weniger den militärischen Waffen als vielmehr der Kunst des diplomatischen Wortes. So soll er durch eine mehrstündige lateinische Rede einen Streit der Könige von Polen, Ungarn und Böhmen friedlich beigelegt haben. Dokumentarisch verbürgt ist diese Heldentat als humanistischer Schlichter jedoch nicht. Ja, es ist nicht einmal verbürgt, dass Johann überhaupt des Lateinischen mächtig gewesen ist. Mit Sicherheit verfügte er über eine Bildung, die weit über dem doch recht mäßigen Niveau seiner märkischen Adelsgenossen stand.

So betrieb er mit einigem Eifer die Gründung einer Landesuniversität, die jedoch erst nach seinem Tode in Frankfurt an der Oder eröffnet werden konnte. Jedenfalls trug ihm sein Interesse an den Wissenschaften und Künsten den ehrenvollen Beinamen Cicero ein. Als Vater der schmeichelnden Namensgebung gilt der Reformator Melanchthon. Der Wittenberger Theologe soll Johann II. in der überschwänglichen Sprache der Humanisten mit dem klassischen römischen Juristen und Philosophen Cicero verglichen und ihm gleichsam als Dank und Fürstenlob den Beinamen zugesprochen haben.

Als tatsächlicher Friedensstifter erwies sich Johann II. Cicero jedoch mit dem unter seiner Regie geschlossenen Kamenzer Vertrag vom Jahre 1483, der für das permanent von Kriegen geschundene Brandenburg eine fast 150 Jahre haltende Friedensperiode einleitete. Eine wahrlich historische Tat und eine willkommene Atempause zur Erholung der märkischen Wirtschaft, mit der er sich seines Namens Cicero würdig erwies.

Doch so friedvoll sich Johann Cicero nach außen gab, so energisch stritt er im Inneren seines Landes, um die kurfürstliche Zentralgewalt gegen die erneut umtriebigen Raubritter und den wachsenden Selbstbehauptungswillen des städtischen Patriziats zu festigen. Bereits zwei Jahre nach der Übernahme der kurfürstlichen Regierungsgeschäfte löste er 1488 durch Festschreiben der Bierziese, einer Verbrauchersteuer, den massiven Widerstand des städtischen Bürgertums aus. Besonders heftig tobte der als »Bierkrieg« in die Geschichte eingegangene Aufruhr in den Städten der Altmark. Als die Stendaler Tuchmacher gar einen kurfürstlichen Steuereintreiber erschlugen, reagierte Johann Cicero mit aller Strenge. Er zog mit einem Ritterheer vor Stendals Stadttore, erzwang nach kurzer Belagerung deren Öffnung und ließ vor versammelter Bürgerschaft fünf der Rädelsführer auf dem Marktplatz hinrichten. Außerdem entzog er den Bürgern der Stadt sämtliche Privilegien und verdoppelte die Biersteuer. Noch härter traf es die aufmüpfigen Tangermünder. Sie verspielten mit ihrem lokalen Bierkrieg die Chance, auf Dauer Residenz der Mark Brandenburg zu bleiben. Dabei hatte Tangermünde als einstige zweite Residenz Kaiser Karls IV. dafür gute Voraussetzungen gehabt.

Der sogenannte Bierkrieg sollte sich jedoch nur als der schüchterne Beginn der rigorosen gegen die Privilegien der Städte gerichteten Politik Johann Ciceros erweisen. Systematisch beschnitt der Kurfürst die Rechte des städtischen Bürgertums. Damit gerieten die märkischen Städte immer stärker in die Abhängigkeit des Kurfürsten und wurden so zu Immediatstädten. Dem Brandenburger Bürgertum gelang dadurch nicht jene günstige Entwicklung freier Reichsstädte wie in den südlichen deutschen Ländern oder den unabhängigen Städten hanseatischer Prägung.

Beschnitt Johann Cicero einerseits die Rechte des Bürgertums, privilegierte er andererseits den märkischen Landadel. So duldete er, dass sich die Adligen gegen die bestehende Landordnung zunehmend das Land der freien Bauern aneigneten und diese zu Frondiensten verpflichteten. Damit wandelte sich der Landadel allmählich aus einer Kriegerkaste, deren Aufgabe im Schutz der Bauern und des Landes vor Überfällen bestanden hatte, in eine landbesitzende Kaste. Aus Rittern wurden Rittergutsbesitzer, die nun ihre einstigen Schutzbefohlenen unter ihre Botmäßigkeit zwangen.

Dieser Wandlungsprozess führte zu einer weiteren Verwilderung der Sitten des Landadels. Doch der Kurfürst war weiterhin auf die unbedingte Gefolgschaft der

Ritter angewiesen. So kam es zwischen kurfürstlichen und Adelsinteressen zu einem stillschweigenden Vergleich: Der Adel trat, wenn er gerufen wurde, ohne Widerrede unter die Fahnen des Kurfürsten. Dafür erhielt er gegenüber den Städten neben dem Klerus weitgehende Privilegien, von denen die Steuerfreiheit zu den wichtigsten zählte. Somit setzte in Brandenburg eine gesellschaftliche Entwicklung ein, die sich deutlich von der südlicher Länder unterschied. Mit der Privilegierung des einheimischen Adels drang dieser immer stärker in die begehrten Stellungen kurfürstlicher Räte ein. So erscheinen seit der Regierungszeit Johann Ciceros immer häufiger statt der bisher dominierende landesfremden Adligen die Namen alteingesessener märkischer Adelsgeschlechter in führenden Positionen des Landes.

Als Johann Cicero 1499 im Alter von 43 Jahren starb, trauerte das Land um den ersten Hohenzollern, der sich als Brandenburger gefühlt und hier gelebt hatte. So war es mehr als eine symbolische Geste, dass sich Johann II. in der Gruft der Askanier im Kloster Lehnin beisetzen ließ. Später wurden seine sterblichen Überreste in die neue Gruft im Berliner Dom überführt, wo wir seinen prachtvoll von Peter Vischer gestalteten Sarkophag bewundern können.

Johann Ciceros politisches Testament, das er an seinen Sohn Joachim richtete, vermittelt uns einen tiefen Einblick in die Sorgen des Brandenburger Kurfürsten und den Zustand der Mark im Jahre 1499:

»Liebster Prinz! Ich hinterlasse Euch ein großes Land, allein es ist kein deutsches Fürstentum, in dem mehr Zank, Mord und Grausamkeit im Schwange gehen, als in unserer Mark. Wehret doch solchem Unwesen und schaffet, daß Eure Untertanen liebreich und sanftmütig bei einander wohnen mögen.

Vergesset nicht, den Adel im Zaum zu halten, denn dessen Übermut verübt viel Böses. Strafet sie, wenn sie die Gesetze und Landesordnungen übertreten. Lasset ihnen nicht zu, daß sie jemand über Gebühr beschweren können.«

Kurfürst Joachim I. Nestor – ein gerechter Renaissancefürst gründet die Alma mater Viadrina

Als Kurfürst Johann Cicero seinem Erstgeborenen die Kurmark übergibt, ist Joachim I. noch nicht einmal sechzehn Jahre alt. Dank seines schon in jungen Jahren ausgeprägten eigenwilligen Charakters lehnt der noch unmündige Regent der Mark die ihm verordnete Vormundschaft durch seinen fränkischen Onkel Friedrich selbstbewusst ab und versucht, sein hohes Amt mit Unterstützung seiner erfahrenen kurfürstlichen Räte auszufüllen. Als er schließlich als Neunzehnjähriger Elisabeth von Dänemark heiratet und damit eine für die Dynastie segensreiche Verbindung mit dem alten Gegner im Norden knüpft, lässt er keinen Zweifel an seiner Regierungsreife mehr offen. Doch angesichts des jungen Herrschers wittert der Adel, dessen Einfluss dank gewachsener landwirtschaftlicher Erträge und verbriefter Privilegien enorm gewachsen ist, eine neue Chance. Das mittelalterliche »Recht der freien Fehde« und das Raubritterwesen machen sich erneut breit. Als der Adel immer dreister wird, zeigt der »Knabe auf dem Thron«, wie er hinter vorgehaltener Hand genannt wird, wer das Brandenburger Zepter trägt.

Vorerst bemüht sich der junge Kurfürst mit Eifer um die Reformierung der Rechtspflege. Sein Traum von einer von jedermann annehmbaren fortschrittlichen Gerichtsordnung scheitert jedoch am Widerstand der Stände und Städte. Immerhin tragen ihm sein ausgeprägter Gerechtigkeitssinn und seine in späteren Jahren im Kurfürstenkolleg erteilten klugen Ratschläge den Beinamen des weisen Königs der griechischen Sage »Nestor« ein. Achtungserfolge gelingen Joachim Nestor jedoch mit der Einführung einer neuen Städteordnung und seiner »Constitutio Joachimiae«, die das Erb- und Güterrecht in der Mark Brandenburg neu regelt.

Bei der Bekämpfung des Raubrittertums zeigt er sich nicht zimperlich. In nur zwei Jahren lässt er vierzig adlige Wegelagerer hinrichten. Als der Kurfürst erfährt, dass der in seinen Diensten stehende Höfling von Lindenberg zu den Räubern gehört und die Beraubung und den Mord eines Berliner Kaufmanns freimütig eingesteht, als basiere die Untat auf einem Gewohnheitsrecht, erweist sich Joachim als der unbestechlich Gerechte und lässt den Mörder hinrichten. Doch diesen Affront wollen die Adelskumpane Lindenbergs nicht hinnehmen. Sie schreiben an die Schlafzimmertür im kurfürstlichen Jagdschloss Köpenick die Drohung *»Joachimke, Joachimke, hüde dy! Wo wi dy fangen, so hangen wi dy!«* und planen während der am folgenden Tag durchgeführten Jagd, den Kurfürsten umzubringen. Nur dank der Warnung eines Bauern entgeht er dem Anschlag. Den Anführer, Ritter von Otterstädt, lässt Joachim öffentlich vierteilen und dessen Kopf zur Abschreckung für alle noch unbelehrbaren Raubritter am Köpenicker Tor in Berlin auf eine Eisenstange

Zur Regierungszeit Joachims I. konnten die mächtigen Klöster der Mark Brandenburg noch einmal aufatmen, bevor sie sein Nachfolger säkularisierte.

gespießt zur Schau stellen. Das Brandenburg Joachims ist jedoch nicht nur durch grausame mittelalterliche Relikte gekennzeichnet.

Als Joachim Nestor am 26. April 1506 gemeinsam mit seinem Bruder und Mitregenten Albrecht und dem Bischof von Lebus, Dietrich von Bülow, in Frankfurt die erste Brandenburger Universität »Alma mater Viadrina« (die an der Oder Gelegene) eröffnet, erweist er sich ganz als Sohn seiner Zeit, als wahrer Renaissancefürst. Obwohl die Gründung einer Universität etwas Lobenswertes ist, darf nicht übersehen werden, in welchem geistigen Dunkel die Mark Brandenburg zu jener Zeit noch verharrte. Immerhin waren 400 Jahre vorher die erste europäische Universität in Bologna und bereits 1348 die erste deutsche in Prag gegründet worden. So reihte sich die Frankfurter Viadrina als 14. Universität Deutschlands und als 59. europäische doch recht spät in die schon stattliche Phalanx der höheren Bildungsanstalten des Kontinents ein.

Friedrich der Große schätzte das Ereignis in seinen Geschichtsbetrachtungen trotzdem recht positiv ein: *»Die Verhältnisse änderten sich erst unter dem Kurfürsten Johann Cicero, der die ersten Versuche machte, das Volk aus seinem Stumpfsinn und seiner Unwissenheit emporzureißen. Es hieß schon viel in jenen finsteren Zeiten, wenn man seine Unwissenheit einsah. Zwar war dieses erste Aufleuchten eines neuen Geistes nur ein schwaches Dämmerlicht, doch führte es immerhin zur Gründung der Universität in Frankfurt an der Oder (1506). Der Leipziger Professor Wimpina wurde der erste Rektor der neuen Hochschule und verfaßte deren Statuten. Tausend Studenten ließen sich im ersten Jahre in die Matrikel einschreiben.«*

Nicht erwähnenswert hielt F. II. die verhängnisvolle Tatsache, dass Rektor Wimpina zu den erbittertsten Gegnern der Reformation gehörte. Er profilierte die märkische Universität an der Oder zum »Trutze Wittenbergs« zu einer der konservativsten Deutschlands und fand sich nicht zu schade, den berüchtigten Ablassprediger Johann Tetzel zum Doktor der Theologie zu promovieren. Dabei hatte doch gerade der brandenburgische Hohenzoller Albrecht, der Bruder Joachim Nestors, mit Tetzels schimpflichem Ablasshandel, wenn auch unabsichtlich, einen entscheidenden Anlass zur lutherischen Reformation geliefert.

Der »Dispositio Achillea« folgend, hatte Albrecht (1490 – 1571) die geistliche Laufbahn eingeschlagen. Seine steile Karriere begann er, erst dreiundzwanzigjährig, unmittelbar nach der Priesterweihe als Erzbischof von Magdeburg. Schon ein Jahr später, im Jahre 1414, setzte ihn Papst Leo X. in das vakant gewordene Amt des Erzbischofs und Kurfürsten von Mainz ein. Das Haus Hohenzollern verfügt nun über zwei Stimmen bei der Königswahl und erreicht, da bereits 1411 Albrecht, ein Enkel des Kurfürsten Achilles, zum Hochmeister des Deutschen Ordens gewählt worden war, über eine immense Machtfülle im Deutschen Reich.

Doch der Brandenburger Albrecht war hoch verschuldet, hatte er sich doch vom Augsburger Kaufmann Fugger die beträchtliche Summe von 29 000 Dukaten leihen müssen, um sich den Mainzer Erzstuhl samt Kurwürde zu erkaufen. Denn der

Papst ließ sich den ausgesprochenen Dispens teuer bezahlen, jene Ausnahmebewilligung, die den nach kanonischem Recht noch viel zu jungen Albrecht auf den Erzstuhl hob und die verbotene Häufung bischöflicher Würden ermöglichte.

So engagierte Erzbischof Albrecht den berüchtigten Ablasshändler Johann Tetzel, um seine Schulden tilgen zu können. Tetzel zog nun mit Zustimmung des Kurfürsten Joachim Nestor auch durch die Mark Brandenburg. Dabei verkaufte er Ablasszettel, die den gutgläubigen Sündern zusicherten, von den Qualen der Hölle erlöst zu bleiben. Den einträglichen Ablass hatten Papst Leo X. und der Erzbischof Al-brecht von Mainz und der Markgraf von Brandenburg am 1. Juli 1517 für die Kirchenprovinzen Mainz und Magdeburg (zu der Brandenburg gehörte) zur Finanzierung des Baus der vatikanischen Peterskirche in Rom ausgeschrieben. Nach Rom aber schickt Albrecht nur die Hälfte der Ablassgelder, während die andere Hälfte vornehmlich zur Tilgung seiner Fuggerschulden in seine Privatschatulle wandert.

Im Herbst 1517 erfährt Martin Luther, der an der kursächsischen Universität zu Wittenberg eine Bibelprofessur begleitet, von Tetzels Ablasshandel. Als Luther die »Instructio summaria«, die detaillierte Dienstanweisung Albrechts an seinen Ablassprediger, in den Händen hält, handelt er. Am 31. September 1517 schlägt er seine berühmten 95 Thesen »Zur Aufklärung über die Kraft des Ablasses« an das Tor der Schlosskirche zu Wittenberg und leitet damit die Reformation ein.

Joachim Nestor bleibt jedoch verbissen dem katholischen Glauben treu. Auf dem Wormser Reichstag gehört er zu den Initiatoren des gegen Luther und dessen Lehren gerichteten »Wormser Ediktes« und macht sich mitschuldig an der Verhängung der Reichsacht gegen den Wittenberger Reformator.

Obwohl die Reformation noch um Brandenburg einen Bogen zu schlagen scheint, beginnt der Aufruhr im kurfürstlichen Hause. Kurfürstin Elisabeth (1485 – 1555) schließt sich heimlich der Lutherlehre an. Als der aufgebrachte Kurfürst seiner Gemahlin mit dem Tode droht, flieht sie zu Johann dem Weisen von Sachsen. Der Hintergrund für Joachims maßloses Vorgehen gegen Elisabeth ist weniger in seiner religiösen Verletztheit als vielmehr im dauerhaften außerehelichen Verhältnis mit der Berliner Bürgersfrau Katharina Hornung zu suchen.

Durch Joachims Beharrung bleibt Brandenburg vorerst auf der Seite des Papstes. Kurz vor seinem Tode nimmt er seinen beiden Söhnen das Versprechen ab, dem katholischen Glauben treu zu bleiben.

Doch beide werden den Eid brechen, wie auch Kurfürst Joachim Nestor als erster das Hausgesetz der Hohenzollern bricht und entgegen der »Dispositio Achillae« die Aufteilung der Mark unter seine zwei Söhne verfügt. Im Jahre 1535 stirbt Joachim I. und wird wie bereits sein Vater im Kloster von Lehnin aufgebahrt und im Cöllner Dom (heute Berliner) beigesetzt.

Brandenburg wird nun auf zwei Hohenzollernfürsten aufgeteilt: In der territorial reduzierten Kurmark führt Joachim II. Hektor das Zepter, während in der jenseits der Oder gelegenen Neumark Johann Markgraf von Küstrin regiert.

Kurfürst Joachim II. Hektor und Markgraf Johann von Küstrin – zwei ungleiche Brüder

Als nach dem Tode Joachims I. im Jahre 1535 seine Söhne Brandenburgs Erbe getrennt weiter regierten – Jochim II. als Herrscher über die Kurmark und Johann als Markgraf der Neumark und einiger Gebiete um Cottbus –, da trat wider Erwarten die anfangs befürchtete Defacto-Spaltung der Mark Brandenburg nicht ein.

Johann galt als sparsam, bedacht und äußerst fleißig und wurde im Volk vertrauensvoll »Hans von Küstrin« genannt, während seine Gattin, Katharina von Braunschweig, liebevoll den volkstümlichen Beinamen »Mutter Käthe« erhielt.

Kurfürst Joachim II. Hektor setzte sich dagegen als verschwenderischer und prachtliebender Renaissancefürst in Szene und hinterließ dem Land am Ende seiner Tage einen Schuldenberg wie kein anderer Hohenzoller jemals zuvor. So zeigte er vom ersten Tage seiner Machtübernahme, dass er nicht zu den Bescheidenen gehörte. Kaum dreißigjährig, zog er 1535 an der Spitze seines Ritterheeres wie ein römischer Triumphator in Berlin-Cölln ein, um sich in der historisch ersten Brandenburger Militärparade feiern zu lassen.

Joachim kam geraden Wegs aus dem Türkenkrieg, wo er sich erfolgreich für Kaiser und Reich geschlagen hatte, sodass ihm das geflügelte Wort *»Er steht wie ein Brandenburger!«* vorauseilte. Der Kaiser aber dankte seinem erfolgreichen Vasallen, indem er Joachim zum Ritter schlug und nach dem trojanischen Helden mit dem Beinamen »Hektor« schmückte.

Während Hans von Küstrin daranging, die Verteidigungsfähigkeit seines Landes durch den Ausbau der Festungen von Küstrin und Peitz zu stärken und die Finanzlage zu stabilisieren, entfachte sein kurfürstlicher Bruder eine Bautätigkeit und ein Finanzgebaren ganz anderer Art. Im Interesse seines gesteigerten Repräsentationsgefühls, das ihm den Ruf als Ausrichter der prunkvollsten Gastmahle und Bankette seiner Zeit eintrug, ließ er das Berliner Stadtschloss mit einer kunstvollen Renaissancefassade schmücken und die bescheidene, als Grablege der brandenburgischen Hohenzollern favorisierte Berliner Dominikanerkirche zu einem würdevollen Dom umbauen. Als leidenschaftlicher Jäger entstanden unter seiner Ägide auch das Jagdschloss Grunewald und der zu ihm führende Knüppeldamm, der sich später als Kurfürstendamm zu Berlins legendärer Prachtstraße entwickeln sollte. Aber auch der Ausbau der mächtigen Spandauer Zidadelle (1560 – 1571) erfolgte auf Joachims Weisung.

Seine Repräsentationsbauten, Jagden, glanzvollen Bälle und aufwendigen Turniere verschlingen viel Geld. So steht er im Erfinden neuer Steuern seinen kurfürstlichen Ahnen in nichts nach. Er versteigt sich sogar so weit, am 4. August 1567 ohne besondere Begründung Schmuck, Edelsteine und Bargeld der reichen Berlin-Cöllner Patrizier einziehen zu lassen. Joachims Berater solcher spektakulärer und unverschämter Aktionen ist der Prager Jude Lippold. Der in Berlin als Münzmeister arbeitende Lippold muss nach dem Tode des Kurfürsten für dessen das Berliner Bürgertum demütigende Unverschämtheiten schwer büßen. Lippold wird eins der ersten prominenten Opfer des ohnehin latent schwelenden Judenhasses. Nach einem unter der Folter erpressten Geständnis wird er am 28. Januar 1571 in Berlin öffentlich gevierteilt. Ein makabres Signal für die erneute Judenvertreibung.

Seine besondere »Schmiegsamkeit« bewies der Kurfürst eindrucksvoll in seiner taktierenden und vermittelnden Stellung zum Protestantismus, die nicht zuletzt der Brandenburger Interessenlage und seiner Abhängigkeit vom Wohlwollen des katholischen Kaisers und selbst des Papstes geschuldet war.

Während Hans von Küstrin ohne Vorbehalte bereits unmittelbar nach seiner Amtsübernahme im Jahre 1535 zum Luthertum übertrat und der Reformation in seinem Lande zum Durchbruch verhalf, zögerte Joachim Hektor noch ein paar Jahre. Erst im Herbst 1939 gab er das landesherrliche Signal für den Einzug der Reformation in der Kurmark, als er mit seinem gesamten Hofe, zahlreichen Rittern und hohen geistlichen Würdenträgern in der Spandauer Nikolaikirche das Abendmahl in beiderlei Gestalt nahm. Den formellen Übertritt zum Protestantismus leistete Joachim Hektor jedoch erst im Jahre 1563.

Beide Hohenzollernbrüder zogen aus der Reformation dank der Säkularisierung der Klöster, der bischöflichen und anderen geistlichen Besitztümer erheblichen Gewinn. Obwohl Joachim Hektor seinen durch Verkauf und Verpfändung recht mager gewordenen kurfürstlichen Domänenbesitz erheblich aufstocken kann, geht ihm doch ein großer Teil des säkularisierten Vermögens an die als Gläubiger vor den Schlosstoren lauernden märkischen Adelsfamilien wieder verloren, die sich am Ende als Hauptgewinner der Reformation fühlen dürfen.

Unter Joachim II. setzt sich die Lehre des Reformators Martin Luther auch in Brandenburg durch. Viele Klöster verfallen nach der Säkularisierung.

Die im Jahre 1540 von Joachim II. verfasste und in Berlin gedruckte erste *»Kirchen Ordnung der Marcken zu Brandenburg / wie man sich beide mit der Leer und Ceremonien halten sol«* enthält noch zahlreiche Relikte der katholischen Liturgie. Sie findet sowohl Luthers als auch den Segen des katholischen Kaisers Karl V.

Zum ersten Berliner Hofprediger beruft der Kurfürst den Lutherschüler Agricola. Den ehernen Grundsatz »Cuiius regio, eius religio«, nach dem die Untertanen die Religion ihres Herrschers anzunehmen hatten, lässt der Kurfürst für Brandenburg jedoch nicht gelten. Vielmehr darf hier jeder, der es möchte, auch weiterhin ohne Nachteil den katholischen Glauben pflegen. Damit legt Joachim den Grundstein für die später sprichwörtliche märkische Toleranz in Glaubensfragen.

Auch die zweite Gattin des Kurfürsten, die polnische Prinzessin Hedwig, bleibt ihrem katholischen Glauben treu. Sie zieht sich jedoch bald auf ihr Schloss in Altruppin zurück. Joachim bevorzugt nämlich die eheähnliche Lebensgemeinschaft mit der »Schönen Gießerin« Anna Sydow.

Die Brüder Joachim und Johann sterben beide kurz hintereinander im Januar 1571. Hans von Küstrin hinterlässt eine wohlgeordnete gesunde Neumark mit gefüllten Kassen. Joachim vererbt der Mark zwar einen riesigen Schuldenberg, doch immerhin hat er durch seine Diplomatie dem Land den Frieden während der unruhigen Jahre der Reformation erhalten und durch den Abschluss bedeutender Erbschaftsverträge den Grundstein für den späteren Territorialgewinn in Schlesien und das Entstehen Brandenburg-Preußens gelegt.

Da Hans von Küstrin kinderlos blieb, übernahm nun Joachims Sohn Johann Georg wieder das Kurzepter im vereinten Brandenburg.

Kurfürst Johann Georg Oeconomus – ein sparsamer und bescheidener Wirtschaftsstratege

Johann Georg übernahm das Kurzepter der wieder vereinten Mark Brandenburg im bereits reifen Alter von 46 Jahren. Entgegen der ausschweifenden luxuriösen Lebensweise seines Vaters Joachim II. Hektor führte er ein eher bescheidenes und auf äußerste Sparsamkeit bedachtes Leben, wie sein charakterisierender Beiname »Oeconomus« unmissverständlich andeutet. Johann Georg Oeconomus, der schon als Kronprinz die umfangreichen während der Reformation säkularisierten Bistümer verwaltet hatte, war dadurch bei seinem Regierungsantritt bereits bestens mit der wirtschaftlichen Lage der Mark vertraut. Sein Regierungs-Credo konzentriert sich deshalb auf die Innenpolitik und weniger auf außenpolitische Aktivitäten. Zu seiner vornehmlichsten Aufgabe erhebt Johann Georg die zielstrebige Abtragung des vom Vater hinterlassenen Schuldenberges in der für damalige Verhältnisse ungeheuerlichen Höhe von zweieinhalb Millionen Gulden.

Wie zweihundert Jahre zuvor Kaiser Karl IV. an den Beginn seiner Regentschaft über die Mark das »Brandenburger Landbuch« gestellt hatte, so lässt auch Johann

Georg Oeconomus noch im Jahre 1571 seinen kurfürstlichen Besitz in einer umfassenden Bestandsaufnahme akribisch genau erfassen. Nach gründlicher Prüfung gelingt es dem in Finanzdingen versierten Kurfürsten, die immense Summe von einer Million Gulden unberechtigter Schuldenforderungen aufzudecken und zu streichen. Einen Teil der verbleibenden 1,5 Millionen Gulden Schulden kann er durch Besteuerung der höheren Stände und der Städte begleichen. Mit seiner »Junkersteuer«, mit der er das Einkommen wie die gehaltenen Pferde (»Ross-Steuer«) des Landadels besteuert, stößt auf besonderen Widerstand. Dabei versucht er, den Bauernstand vor weiteren Fronlasten zu bewahren. Der entscheidende Wurf zur endgültigen Konsolidierung der Finanzen gelingt ihm jedoch erst mit dem Verkauf der Schuldbriefe an die Stände. Der märkische Adel und die zu Reichtum gelangten größeren Städte übernahmen die kurfürstlichen Schulden ohne zu murren, brachten diese Manipulationen ihnen doch weitere Privilegien ein.

Mit der Festschreibung des Kirchenpatronats in den Dörfern und des Rechts zur Besetzung der Domherrenstellen gewann Johann Georg große Teile des Adels für sein strenges Vorgehen gegen Sittenlosigkeit und Misswirtschaft. Dass er seine Kampagne mit der Hinrichtung des von seinem Vater protegierten jüdischen Münzers und Bankiers Lippold eröffnete und den Zorn der Berliner Bürger auf die Juden lenkte, darf als eine seiner Fehlentscheidungen gewertet werden, die mit ihren schlimmen Folgen bis in die Ära Preußens und des Deutschen Reiches fortwirkte.

Auch die Mätresse seines Vaters, Anna Sydow, passte nicht in das von christlicher Religiosität geprägte Sittenbild Johann Georgs. Er verbannte die »Schöne Gießerin« auf die Festung Spandau und demonstrierte damit ein Exempel zum Einhalt des im Lande fortschreitenden Sittenverfalls.

Im Jahre 1577 erlässt Johann Georg eine neue Kanzleiordnung, mit der er sich erneut als weiser Oeconomus auszeichnet. Die Mark wird danach in fünf Landkreise unterteilt, in denen nun festangestellte Ausschüsse statt der sporadisch einberufenen Landtage die Steuern festlegen. Wenn Johann Georg Oeconomus trotz seiner fortschrittlichen Verwaltungspolitik und seiner sparsamen Lebenshaltung am Ende eine halbe Million Schulden hinterlässt, ist das auf den Einfluss seiner dritten Gattin zurückzuführen. Der lebenslustigen gerade einmal 14-jährigen Elisabeth von Anhalt-Zerbst macht der im 53. Lebensjahr stehende Kurfürst allerlei Zugeständnisse. Wie zu Zeiten Joachim Hektors erlebt der Berliner Hof nun wieder Tanzfeste, Maskeraden, rauschende Bälle und prunkvolle Jagden. Nicht unerwähnt dürfen die prachtvollen Tauffeste bleiben, schenkt die junge Anhaltinerin dem bereits kinderreichen märkischen Kurfürsten doch immerhin noch einmal elf Kinder.

Im Jahre 1596 verfügte Johann Georg testamentarisch die erneute Teilung Brandenburgs zugunsten seines aus dritter Ehe stammenden Sohnes Christian (1581 – 1655). Als Kurfürst Johann Georg 1598 stirbt, liegt Kronprinz Joachim Friedrich schon auf der Lauer, um seinen Alleinanspruch auf die Mark entgegen dem väterlichen Testament mit Gewalt zu erstreiten.

Kurfürst Joachim Friedrich gründet das Joachimsthaler Gymnasium und schreibt die Unteilbarkeit Brandenburgs im Geraer Hausvertrag erneut fest

Joachim Friedrich hatte zum Zeitpunkt der Übernahme des Brandenburger Kurzepters bereits über 32 Jahre als Administrator das Magdeburger Erzstift verwaltet und sich dabei Verdienste zur Stärkung der protestantischen Ziele im Reich und beim Zusammenwirken von Lutheranern und Calvinisten erworben. Er führte im wesentlichen die Bestrebungen seines Vaters zur Konsolidierung der Finanzen und der Verwaltung fort. Immer häufiger befolgte er jedoch den bequem zu handhabenden Grundsatz, das Geschehen *»dem lieben Gott anheimbt« zu stellen, der »seiner gerechtigkeit nach unserer gerechten sache wohl beizustehen und alles zu seines namens lob und ehre hinaus zu führen wissen wird«.*

Am Tage des Regierungsantritts war jedoch erst einmal seine ganze ihm verbliebene Energie geboten, denn er war gewillt, die vom Vater testamentarisch verordnete erneute Teilung Brandenburgs mit allen Mitteln zu verhindern. In der bis ins kleinste geplanten Manier eines Staatsstreiches lässt er am 8. Januar 1598, dem Sterbetag seines Vaters, die Berlin-Cöllner Stadt- und Schlosstore schließen und sämtliche kurfürstlichen Amtsstuben versiegeln und mit ihm treuen Vasallen bewachen. Dem Kanzler seines Vaters gibt er die Entlassungspapiere und besetzt alle entscheidenden Beamtenposten mit seinen eigenen Leuten. Militärisch sichert er seine Aktivitäten mit den Festungen Küstrin und Peitz ab, die er unter sein persönliches Kommando stellt. Zur moralischen Legimation seines Handelns verweist er auf das hohenzollernsche Hausgesetz, die »Dispositio Achillea«, und auf die 1356 durch Kaiser Karl IV. verfasste »Goldene Bulle«, jenes Reichsgesetz, in dem bereits die Unteilbarkeit der Kurmark festgeschrieben worden war. Nach diesem militärisch und juristisch exakt abgesicherten Vorspiel tritt Joachim Friedrich schließlich am 11. Januar 1598 vor die rasch einberufenen Stände, um sich im Schloss zu Berlin-Cölln als alleiniger Herrscher der ungeteilten Mark Brandenburg huldigen zu lassen. Nach den Worten eines Chronisten hätten die Versammelten die Huldigungsformel *»mit aufgereckten Fingern von Wort zu Wort nachgesprochen«* und *»mit einhelliger Stimme dreimal gar laut geschrieen: Brandenburg, Brandenburg, Brandenburg!«*

Nach seinem Berliner Erfolg versicherte sich Joachim Friedrich der Huld der neumärkischen Stände in Küstrin, in Cottbus und Peitz auf ähnliche Weise. Als schließlich der verstorbene Kurfürst Johann Georg im Berliner Dom feierlich beigesetzt wurde, hatte Joachim Friedrich bereits ganz Brandenburg unter seiner Kontrolle. Sein Stiefbruder Christian, dem als Markgrafen die Neumark testamentarisch zugesprochen worden war, hatte keine Chance, sein Erbe anzutreten. Dass der Erbstreit am Ende doch noch mit einem friedlichen Vergleich endete, spricht für die moralischen Qualitäten der damals streitenden Hohenzollern. Joachim Friedrich aber hatte aus dem Erbstreit gelernt und in dem zwischen 1598 und 1599 ausgehandelten Geraer Hausvertrag die Unteilbarkeit Brandenburgs erneut festgeschrieben.

Um endlich dem permanent wirkenden Schuldenproblem erfolgreich zu Leibe zu rücken, gründet Joachim Friedrich 1604 einen »Geheimen Rat«, der ihn forthin in allen entscheidenen Finanz-, Wirtschafts- und Rechtsfragen beratend zur Seite steht. Von den neun erwählten Mitgliedern stammen die meisten aus Regionen außerhalb Brandenburgs, fünf Räte gehören dem Adel und vier dem Bürgertum an. Dieser kurfürstliche »Geheime Rat« erweist sich bald als wirksamer Schritt auf dem langwierigen Wege Brandenburgs zu einer modernen Landesverwaltung, die in anderen europäischen Regionen längst üblich ist.

Friedrich der Große schätzte diesen innenpolitisch längst überfälligen Schritt mit folgenden Worten: *»Joachim Friedrich war der erste Fürst, der einen Geheimen Rat errichtete. Danach läßt sich beurteilen, wie es in diesem rauhen und wilden Land um die Landesregierung, um Rechtspflege und Finanzwirtschaft bestellt sein mußte, wenn es bis dahin nicht einmal höchste Beamte für diese Verwaltungszweige gab.«*

Als eine der Folgemaßnahmen wird in Berlin das oberste Gericht der Kurmark installiert, und die Ämter der zentralen Landes- und Kirchenverwaltung beziehen ihren Sitz im Berliner Stadtschloss. Doch Joachim Friedrich bemüht sich auch um die wirtschaftliche Entwicklung des Landes. So unterstützt er die Gründung von Eisen- und Kupferhämmern, Webereien und Glashütten und fördert den Ausbau der Infrastruktur. Straßen und Kanäle entstehen, so die Schifffahrtsverbindung zwischen Oder und Havel, der Vorläufer des Finow-Kanals.

Sein besonderes Augenmerk gilt jedoch dem Schulwesen und der Begabtenförderung. So gehört die Gründung des Joachimsthaler Gymnasiums (1606), das sich bald eines guten Rufes weit über die Grenzen der Mark erfreut, zu den denkwürdigen Leistungen dieses nur zehn Jahre regierenden Brandenburger Kurfürsten.

Kurfürst Johann Sigismund und der Weg nach Preußen

Als Johann Sigismund im Jahre 1608 die Kurwürde von seinem Vater Johann Friedrich übernimmt, kann noch niemand ahnen, dass gerade er an der Wiege des einst mächtigen Brandenburg-Preußen stehen würde. Diesem leichtfertigen Hohenzollern, dessen Gesundheit schon in jungen Jahren beträchtlichen Schaden nimmt, da er sich mit Maßlosigkeit den Lastern der Trunksucht und Völlerei hingibt, traut niemand zu, während seiner ohnehin kurz bemessenen Regierungszeit die Fläche Brandenburgs auf 81 000 Quadratkilometer zu verdoppeln.

Doch ganz und gar unverschuldet wird dieser nicht gerade zu den umsichtigen und fürsorglichen Herrschern zählende Kurfürst vom Schicksal und den Vorarbeiten seiner Ahnen begünstigt, die Brandenburg schließlich jenen beträchtlichen Territorialgewinn im Westen wie im Osten bescheren und zur bisher größten Ausdehnung der Mark führen.

Trotzdem darf man Johann Sigismund nicht alles staatsmännische Talent absprechen, handelt er doch getreu dem von klugen Kennern des Hauses Hohenzollern formulierten Grundsatz: *»Preußen ist nicht mit Waffen, sondern im Ehebett gewonnen worden.«*

Als Johann Sigismund 1591 noch als Kronprinz Anna von Preußen und Jülich-Kleve-Berg heiratet, stellt er bereits bedeutende Weichen. Anna, die sich weniger durch äußerliche Schönheit, dafür aber durch eine ausgeprägte Herrschsucht auszeichnet, ist die Tochter des geisteskranken und unter Brandenburger Vormundschaft stehenden Herzogs Albrecht Friedrich von Preußen. Da Kurfürstin Anna dank eines besonderen Erbvertrages nach dem Ableben des Herzogs von Jülich die als sogenanntes »Weiberlehen« in die Annalen eingegangenen rheinischen Besitztümer mit dem Herzogtum Cleve und den Grafschaften Mark und Ravensberg erbt, reicht nun das Kurfürstentum Brandenburg bis an den Rhein. Als dann im Jahre 1618 Herzog Albrecht ohne männliche Erben stirbt, fällt Johann Sigismund das gesamte Herzogtum Preußen zu. Dieser außerhalb der Grenzen des Heiligen Römischen Reiches liegende östliche Besitz bereitet den brandenburgischen Kurfürsten den Weg, nur einige Generationen später die Königswürde zu erlangen.

So einfach, wie es sich anhört, gestaltete sich die Vergrößerung Brandenburgs jedoch nicht. Zwar bildete Johann Sigismunds Heirat dafür die entscheidende Basis. Doch musste er sich vor allem sein rheinisches Erbe erst durch zahlreiche diplomatische Manöver erkämpfen. Neben Kurfürstin Anna begehrten die rheinischen Erblande nämlich gleichermaßen der Kaiser und der Pfalzgraf von Neuburg. Als nun gar Truppen in dem vergleichsweise unbedeutenden Erbstreit aufmarschieren, tritt Kurfürst Johann Sigismund aus militär-politischen Erwägungen zum Calvinimus über. Damit sichert er sich die Unterstützung der calvinistischen Kurpfalz und der ebenfalls reformierten Niederlande. In anderer »religiöser« Richtung pokert Brandenburgs Erbkontrahent. Der Pfalzgraf von Neunburg wechselt zum katholischen Glauben über und gewinnt damit die Unterstützung des erzkatholischen Spaniens. So stehen sich bald in einer Art Stellvertreterkrieg Spinolas spanisch-katholisches Heer und die calvinistisch-niederländischen Truppen unter Moritz von Oranien gegenüber. Am Ende kommt es zwischen Johann Sigismund und dem Neunburger Pfalzgrafen zum friedlichen Vergleich, indem der Brandenburger seine Erbansprüche auf die Herzogtümer Jülich und Berg abtritt.

Obwohl der Erbstreit beigelegt ist, verlassen die aufmarschierten Truppen das Rheinland nicht. Sie machen es zum Schauplatz des spanisch-niederländischen Krieges und künden damit den verheerenden Dreißigjährigen Krieg an.

Als Kurfürst Johann Sigismund mit immerhin gesichertem Halberbe nach Berlin zurückkehrt und sein reformiertes Glaubensbekenntnis in der »confessio Sigismundi« in der Erwartung veröffentlicht, dass die brandenburgischen Stände und Untertanen seinem Beispiel folgen würden, stößt er auf den massiven Widerstand der auf Luther eingeschworenen märkischen Geistlichkeit. Am 13. April 1615 gipfelt der Religionsstreit zwischen orthodoxen Lutheranern und Calvinisten schließlich in handfesten Berliner Tumulten. In Berlin plündern Lutheranhänger die Häuser reicher Calvinisten, sodass der Kurfürst sein Militär zur Befriedung der Stadt einsetzen muss. Da die Brandenburger in ihrer Mehrheit nicht gewillt sind, zum Calvinismus überzutreten und weiterhin Lutheraner bleiben wollen, lenkt Johann Sigismund ein. Nach zähen Verhandlungen schreibt er die Religionsfreiheit für Brandenburg fest und sichert sowohl Lutheranern als auch Calvinisten das Recht gleichberechtigter Religionsausübung zu. Damit ist Brandenburg das erste deutsche Land, das die Einheitlichkeit der Konfession aufgibt und in dem sich der Staat allmählich aus der Kirchenpolitik zurückzieht. Die Glaubenstoleranz aber hatte einen großen Sieg errungen.

Der territoriale Zugewinn hatte vorerst zu einer Aufwertung der ökonomischen Möglichkeiten des agrarisch strukturierten Brandenburger Stammlandes geführt. In den rheinischen Gebieten hatte sich bereits eine umfangreiche Textilproduktion entwickelt. Das Klever Land verfügte über beachtliche Eisenerzvorkommen. Auch Preußen entsprach stärker als Brandenburg den modernen Forderungen der Zeit.

Doch zu den Vorteilen des Landgewinns sollten sich bald auch die Nachteile gesellen. Brandenburg war durch seine westliche und östliche Grenzverschiebung in den Strudel der Auseinandersetzungen zwischen Schweden, Polen und Russland sowie zwischen Frankreich, Österreich, Spanien und den Niederlanden geraten.

Als Kurfürst Johann Sigismund, 48-jährig, an den Folgen eines Schlaganfalls stirbt, hat der Dreißigjährige Krieg bereits begonnen. Seit Johann Cicero war das Land über 143 Jahre von der Kriegsfurie verschont geblieben. Brandenburgs militärische Kraft aber lag weit unterhalb des üblichen Niveaus. Die Mark trieb nahezu wehrlos der größten Katastrophe seit ihrem Bestehen entgegen.

Mit dem Inferno des 30-jährigen Krieges ist das Ende der meisten mittelalterlichen märkischen Burgen, so auch das der Stolper Burg, besiegelt.

Erfolglos setzt Kurfürst Georg Wilhelm seine Neutralitätspolitik gegen die Furien des Dreißigjährigen Krieges

Obwohl das immer noch politisch und wirtschaftlich bedeutungslose Kurfürstentum Brandenburg durch Wahrung der Neutralität nicht mittelbar in das Kriegsgeschehen eingreift, liegt es als Durchzugsland sowohl unter katholischen als auch unter protestantischen Fahnen streitender Landsknechtsheere 30 Jahre im geographischen und politischen Kreuzungspunkt der sich erbarmungslos bekriegenden europäischen Großmächte. Da erweist es sich als besonders schwerer Schicksalsschlag, dass während dieser unruhigen Jahre ein mit wenig Tatkraft und Energie ausgestatteter Kurfürst die Geschicke der Mark zu lenken hat.

Georg Wilhelm war nach seinem Studium an der Frankfurter Viadrina die Statthalterschaft im rheinischen Kleve übertragen worden. Durch ein Beinleiden blieb er zeit seines Lebens körperlich so stark behindert, dass er schon in jungen Jahren in einer Sänfte getragen werden musste.

Als Georg Wilhelm im Jahre 1619 nach fünfjährigem Wirken in Kleve die märkische Kurwürde übernimmt, vertraut er seinem langjährigen katholischen Berater Adam von Schwarzenberg die Leitung des im Berlin-Cöllner Schloss sitzenden Geheimen Rates an.

So kommt es bereits zu Beginn des immer erbarmungsloser werdenden Dreißigjährigen Krieges, der Brandenburg vorerst verschont, zu jener das Land eher lähmenden Situation, in welcher die Mark von einem willensschwachen calvinistischen Kurfürsten, einem diktatorisch waltenden katholischen Premier und einem rechtlosen lutherischen Geheimen Rat geführt wird.

Während sich der Kurfürst in den ersten Jahren noch persönlich um die Sicherung des Erbes bemüht, das bei seiner Machtübernahme neu verteidigt werden musste, überträgt er bald die gesamte Defacto-Regierungsgewalt an seinen Kanzler Adam von Schwarzenberg. Der sitzt in der sicheren Festung Spandau und regiert von hieraus als selbstherrlicher Statthalter über die Köpfe des Geheimen Rates hinweg und ohne die Stände zu befragen. Bald darf sich Schwarzenberg rühmen, der am meisten gehasste Mensch der gesamten Kurmark zu sein.

Noch glaubt der Kurfürst durch wortreiche Neutralitätserklärungen, den Krieg von seinem Lande abwenden zu können. Doch schon bald tummeln sich die die kaiserlichen wie die schwedischen Heerhaufen in seinem wehrlosen Land. Denn für alle ist Brandenburg Durchzugsland, um zu den jeweils in Polen oder Dänemark, in Böhmen oder Bayern tobenden Schlachten zu gelangen.

Die Söldner, die sich selbst versorgen müssen und Kriegsbeute als Teil ihres sauer verdienten Soldes betrachten, sie alle, ob die katholischen Kaiserlichen und Polen oder die Horden der protestantischen Dänen und Schweden, plündern und morden, brennen und vergewaltigen. Längs der Heerstraßen gleicht das Land bald einer öden Wüstenei. Am stärksten haben die märkischen Bauerndörfer und unbefestigten Klein- und Mittelstädte unter den marodierenden Landsknechten zu leiden. Ein Augenzeugenbericht über den Neujahrstag 1639 in Plaue verdeutlicht, welcher Brutalität die wehrlose Mark damals ausgeliefert war: »*Maßen dann viele alte Leuthe zu Tode gepeinigt, Todt geschoßen, unterschiedliche Frawen und Mägde zu Tode geschendet, theils Kinder aufgehencket, theils auch gebraten, viele ausgezogen, daß sie bei ausgestandener Kälte verrecket und des Todes sein müßten.*«

Dem Hunger und dem Morden folgten die Seuchen. Pocken, Ruhr und die schwarze Pest vollendeten, was die Landsknechte nicht geschafft hatten. So forderte eine in den Jahren 1635 und 1636 tobende Pestepidemie mehr Opfer unter den Brandenburgern als alle Kriegsgreuel. Zahlreiche Ortschaften wurden völlig entvölkert, sodass die Mark beinahe die Hälfte ihrer Bewohner verlor und am Ende des Dreißigjährigen Krieges von allen beteiligten Staaten die meisten Opfer zu beklagen hatte und gerade noch 150 000 Seelen zählte.

Allein die Berlin-Cöllner Einwohnerzahl sank in jenen 30 schrecklichen Jahren von 7 000 auf 4 000.

Georg Wilhelms Manövrieren zwischen den Fronten und sein hilfloses Neutralitätsgebaren hatten die schwere Katastrophe nicht abwenden können. Dabei hätte das gröbste Leid vermieden werden können, meinte 100 Jahre später Friedrich der Große, der über seinen Ahnen ein vernichtendes Urteil fällte: »*Vor allem muß man dem Kurfürsten vorwerfen, daß er nicht ein Heer von 20 000 Mann ausgehoben hat, bevor der Krieg seine Staaten verödete.*

Er wäre in der Lage gewesen, es zu unterhalten . . . Wäre der Kurfürst solchermaßen gerüstet gewesen, so hätten Mansfeld und der Administrator von Magdeburg es nicht gewagt, durch das Kurfürstentum hindurchzuziehen . . . Seine Regierungszeit war die unglücklichste von allen Fürsten seines Hauses. Seine Staaten wurden im Verlauf des Dreißigjährigen Krieges verwüstet, und die Spuren, die davon zurückblieben, waren so tief, daß man ihre Merkmale noch jetzt wahrnimmt, wo ich diese Geschichte schreibe.«

Als Kurfürst Georg Wilhelm das ganze Ausmaß der Tragödie und seine Hilflosigkeit erkannte, überließ er Kanzler Adam von Schwarzenberg vollends das Zepter und setzte sich mit seinem Hofe in das sichere und vom Kriegsgeschehen weit entfernte Königsberg ab.

Im Spätherbst 1640 machte sich endlich eine Abordnung der märkischen Stände von Berlin nach Königsberg auf den beschwerlichen Weg. Das Maß der Schwarzenbergschen Willkürherrschaft war am Überlaufen, weshalb sie sich über den immer zynischer regierenden Kanzler beklagen und den Kurfürsten um Hilfe bitten will. Doch noch auf halbem Wege erfuhren die Abgesandten, dass Georg Wilhelm am 6. November 1640 gestorben war.

Deprimiert kehrten die Vertreter der Stände nach Berlin zurück. All ihre Hoffnungen auf Besserung ihrer Lage ruhten nun auf dem erst zwanzigjährigen neuen Kurfürsten Friedrich Wilhelm.

Der Große Kurfürst Friedrich Wilhelm formiert Brandenburg-Preußen

Als Friedrich Wilhelm im Jahre 1640 die Brandenburger Kurwürde anvertraut wird, übernimmt der kaum zwanzigjährige Kronprinz eine verwüstete und entvölkerte Mark. Seit zweiundzwanzig Jahren toben hier Krieg und Seuchen, und noch ist kein Ende des Elends abzusehen. Viel später erst, da regiert Friedrich Wilhelm bereits im achten Jahr, darf das geschundene Land aufatmen, nachdem 1648 der Westfälische Frieden den Dreißigjährigen Krieg beendet und die Souveränität von über dreihundert deutschen Fürstentümern anerkennt.

Noch einmal lässt der junge Kurfürst vier Jahre verstreichen. Dann schickt er seine Landreiter in die Mark, um endlich eine Übersicht über sein marodes Erbe zu gewinnen. Die sogenannte »Landaufnahme« zeichnet ein deprimierendes Bild: Jeder zweite Brandenburger ist verschollen oder in diesem Krieg umgekommen. So zählt das ohnehin schwachbesiedelte Land mit 150 000 Menschen gerade noch die Hälfte der vor dem Krieg ansässigen Einwohner. Viele Dörfer sind unbewohnt und die Äcker verwüstet. Die Städte liegen in Trümmern, und selbst die Berlin-Cöllner Residenz befindet sich in einem jämmerlichen Zustand.

Friedrich Wilhelm hat aus den verheerenden Folgen des Dreißigjährigen Krieges für Brandenburg vor allem eine Lehre gezogen: ein starkes stehendes Heer aufzubauen und die Festungen Berlin, Küstrin, Spandau und Peitz weiter zu verstärken. Das für die gewachsenen Militärausgaben benötigte Geld erhält der Landesherr durch Hilfsgelder (Subsidien), die ihm die kriegführenden Staaten wie Frankreich beispielsweise für das »Ausleihen« der Brandenburger Soldaten entrichten. Den höchsten Obolus für das kurfürstliche Heer aber müssen die Brandenburger Untertanen zahlen. Und das nicht zu knapp, erhöht doch Friedrich Wilhelm die Truppenstärke immerhin auf 30 000 Mann, das Zehnfache wie bei Regierungsantritt. Wer wieviel zum Unterhalt der Armee zu zahlen hat, das darf der Kurfürst jedoch nicht selbstherrlich bestimmen. Dafür braucht er das Votum des Landtages. Dort aber wird um jeden Gulden hart gefeilscht. Und da die Quotenregelung vorsieht, 41 Prozent der Abgaben vom Adel und 59 Prozent durch die Städte zu zahlen, regt sich bald einhelliger Widerstand im ganzen Lande. So fordert der märkische Adel unter der Losung »Vereinigtes Bedenken« für die Anerkennung der kurfürstlichen Souveränität die Abdankung aller Truppen und die Demontage der Festungen. Die Vertreter der Städte aber verweigern die Zahlungen, weil sie nicht einsehen wollen, dass Brandenburger Söhne als Soldaten ausgeliehen werden, um außer Landes für fremde Mächte ihre Haut zu Markte zu tragen.

Eine noch schwerere Machtprobe wird dem Kurfürsten abgefordert, nachdem im Mai 1660 im Frieden von Oliva der Erste Nordische Krieg beendet wird und das Königreich Polen endlich die hartumkämpfte volle Souveränität Brandenburgs über Preußen anerkennt. Doch erneut regt sich der Widerstand der Stände. In Königsberg versammeln sich 200 preußische Adlige unter der Führung von Vater und Sohn

Kalkstein, um sich lautstark gegen das »märkische Joch« aufzulehnen. Nach langwierigen Verhandlungen unter Leitung des Geheimen Rates Otto von Schwerin anerkennen der Adel und die Landräte schließlich zähneknirschend die neue Akzise. Doch Königsberg und die anderen preußischen Städte rebellieren weiter und verweigern dem Kurfürsten jede Steuerzahlung. Erst als der Kurfürst im Oktober 1662 ihren Anführer, den Kneiphofer Schöppenmeister Hieronimus Roth, aus dessen Wohnhaus entführen und lebenslänglich auf der Festung Peitz (hier stirbt Roth 1678) inhaftieren lässt, gewinnt Friedrich Wilhelm die Initiative des Handelns in Preußen zurück. Auf dem ein Jahr später einberufenen Landtag kann der Kurfürst endlich seinen Sieg über Preußen feiern. Beide evangelischen Konventionen werden gleichgestellt, Lutheraner und Reformierte zu den Ämtern zugelassen. Die preußischen Stände huldigen im Beisein einer polnischen Abordnung dem Kurfürsten von Brandenburg. Von nun ab darf der Hohenzoller als Souverän über Preußen herrschen. Brandenburg hat ein Herzogtum gewonnen, das kein Reichslehen ist und somit außerhalb der Grenzen des Heiligen Römischen Reiches liegt. Aus der Mark Brandenburg ist das Land Brandenburg-Preußen entstanden.

Sicher als nicht nur marginales Ergebnis dieses historischen Landtages konnte der Kurfürst die Bewilligung eines mittelfristigen Kredites von fünf mal 130 000 Talern pro Jahr verbuchen. Der Aufbau seiner Armee und des absolutistischen Staatswesens waren damit finanziell abgesichert. Deshalb sollte dieser Landtag auch für lange Zeit der letzte sein und als »Landtagsabschied« in die brandenburgisch-preußischen Annalen eingehen. Als lukrative Gegenleistung für sein finanzielles Entgegenkommen honorierte der Kurfürst den Adel mit umfangreichen Privilegien, die dessen Machtstellung gegenüber Bauern und Bürgern für Jahrhunderte festschrieben.

Erst Jahre später gelingt es dem Großen Kurfürsten, die Steuerlasten ein wenig gerechter auf die Schultern seiner Untertanen zu verteilen. Die 1684 in Kraft getretene »Kurmärkische General-Steuer-und Konsumptions-Ordnung« schreibt die Akzise fest, eine etwa der heutigen Mehrwertsteuer vergleichbare Verbrauchersteuer.

Friedrich Wilhelms allmählich wachsende Armee logierte nicht nur faul in den Garnisonen. Viel öfter, als den kurfürstlichen Truppen lieb war, wurden sie an allen möglichen europäischen Fronten eingesetzt. Zwar war Brandenburg-Preußen für eine umfassende eigene Außenpolitik noch zu schwach und unbedeutend, musste Friedrich Wilhelm sein Staatsschiff jedoch nicht zuletzt wegen der Mittellage seines Landes kraft häufig wechselnder Bündnisse durch die rauhen Zeiten steuern.

Als im Mai 1675 der märkische Kurfürst, diesmal im Dienste der Niederländer, mit einem beträchtlichen Truppenkontingent am Oberrhein gegen die Franzosen kämpfte, nutzten die im Frieden von Oliva gedemütigten Schweden die Gunst der Stunde und fielen in das militärisch entblößte Brandenburg ein. Wie die Geschichte ausging, ist zur Genüge nicht zuletzt durch Heinrich von Kleists Drama »Prinz von Homburg« bekannt. Als Friedrich Wilhelm vom feigen Einfall der Schweden hört, befiehlt er sogleich die märkische Kavallerie unter Führung des Prinzen von Homburg in Eilmärschen zurück nach Brandenburg. Bei Rathenow erleiden die sieggewohnten Schweden die erste empfindliche Niederlage. Auf der Feldflur des südöstlich von Fehrbellin gelegenen Dorfes Hakenberg kommt es schließlich am 28. Juni 1675 zur offenen Feldschlacht. Die brandenburgischen Truppen stehen mit 5 700 Mann einer schwedischen Übermacht von 11 000 Soldaten gegenüber. Was niemand bis dahin für menschenmöglich gehalten hatte, wurde wahr: Die Brandenburger besiegten die schwedische Armee, die als die beste ganz Europas galt. Noch auf dem schmählichen Rückzug nach Pommern kommentiert der Schwedenkönig Karl XI. sarkastisch seine Niederlage mit den Worten: *»Jeder Schwede, der dem Racheschwert des Kurfürsten durch Flucht entkommen ist, verdient den Strick.«*

Immerhin hatten die märkischen Truppen ihre erste selbstständige Schlacht siegreich geschlagen. Brandenburg aber hatte endlich einen Helden, seinen Landesvater Friedrich Wilhelm, der nun als Großer Kurfürst von jedermann verehrt wurde. Wenn die Schlacht vom Juni 1675, die als Schlacht von Fehrbellin in die Geschichtsbücher einging, vor allem den Ruhm des Großen Kurfürsten in ganz Europa begründete und Kleist dem Prinzen von Homburg ein literarisches Denkmal setzte, soll doch nicht unerwähnt bleiben, dass Generalfeldmarschall Derfflinger und seine Dragoner den größten Anteil am Sieg über die Schweden hatten.

Die legendäre Berliner Prachtstraße Unter den Linden gehört zu den Aktivitäten des Großen Kurfürsten, eine würdevolle Residenz zu gestalten.

Weniger Glück war dem Großen Kurfürsten bei seinen Bestrebungen beschieden, das Binnenland Brandenburg zu einer maritimen Macht mit einer schlagkräftigen Flotte auszubauen. Bereits während seiner langjährigen Holland-Aufenthalte war Friedrich Wilhelms Liebe für Flotten und Ozeane erwacht, hatten doch die Niederländer ihren Reichtum vor allem dem Überseehandel zu verdanken. So kannte die Phantasie des Kurfürsten keine Grenzen, wenn es galt, neue Ideen für die Erschließung weiterer pekuniärer Quellen zu entwickeln. Noch heute erinnert Berlins Schiffbauerdamm an die kurfürstlichen maritimen Träume. Hier nämlich, am Ufer der Spree, ließ der Große Kurfürst seine ersten Schiffe bauen, um mit ihnen die Weltmeere zu erobern. Später wurden seine mit Kanonen bestückten Fregatten in Havelberg gezimmert. 1680 mauserten sich die Brandenburger sogar als Piraten und kaperten die spanische Fregatte »Carolus Secundus«. Die erbeuteten Brabanter Spitzen spülten fast 100 000 Taler in die kurfürstlichen Schatullen. Die gekaperte »Spanierin« aber ließ der Große Kurfürst kurzerhand auf den Namen »Markgraf von Brandenburg« umtaufen und forthin als Flaggschiff der allmählich auf 34 Schiffe angewachsenen Brandenburger Flotte über die Weltmeere fahren.

Dem Zeitgeist folgend, erhebt sich Friedrich Wilhelm schließlich im Jahre 1683 selbst zum Sklavenhändler. An der Westküste von Guinea lässt er die Festung Friedrichsburg als Stützpunkt für den brandenburgischen Sklavenhandel errichten. In den folgenden 17 Jahren verkaufen die Brandenburger schätzungsweise 30 000 afrikanische Sklaven in die Karibik. Erst König Friedrich Wilhelm I. trennt sich von den maritimen Träumen seines kurfürstlichen Ahnen, die unterm Strich ein Verlustgeschäft geblieben waren, und verkauft den afrikanischen Stützpunkt samt der wenig lukrativen Flotte.

Mehr Erfolg als mit seiner Flottenpolitik sollte Kurfürst Friedrich Wilhelm mit der Öffnung des Landes für Einwanderer beschieden sein. Dabei unterstützte ihn seine erste Gattin, Luise Henriette von Oranien, auf einzigartig zupackende und kreative Weise. Der Kurfürst schenkte seiner Luise im Jahre 1650 das Amt Bötzow, das ihr zu Ehren später in Oranienburg umbenannt wurde. Die in wirtschaftlichen Dingen geschulte Oranierin holt bald landwirtschaftliche Fachkräfte aus ihrer Heimat, mit denen sie Oranienburg zu einem Mustergut entwickelte. Noch heute kündet der Leitspruch auf einem allegorischen Gemälde im Schloss Oranienburg von ihrem auf praktische Veränderung gerichteten Credo: »PLUS OUTRE – Über das Mögliche hinaus!«

Doch Friedrich Wilhelm bleibt nicht beim Mustergut seiner Gattin stehen. Er holt weitere mit der modernen Landwirtschaft vertraute Siedler aus Friesland und Südholland in die Mark. Er lässt erste Sümpfe trockenlegen und beginnt 1662 unter der Stabführung französischer und holländischer Ingenieure mit dem Bau des nach ihm benannten Friedrich-Wilhelm-Kanals, der die Oder mit der Spree verbindet. Damit verschafft er der Berliner Residenz gegenüber dem Konkurrenten Frankfurt an der Oder bald wesentliche Standortvorteile. Seine bedeutendste Entscheidung trifft der Große Kurfürst mit seinem am 8. November 1685 verkündeten »Potsdamer Edikt«. Hiermit reagiert Friedrich Wilhelm auf die Vertreibung der calvinistischen Hugenotten aus dem katholischen Frankreich und erreicht mit dem Zuzug von ungefähr 20 000 Refugiès wohl seinen größten zukunftsträchtigen wirtschaftlichen Erfolg. Bis zum Ende des 17. Jahrhunderts hatten sich allein 6 000 französische Refugiès in Berlin-Cölln angesiedelt und mit ihren handwerklichen und künstlerischen Fertigkeiten dem wirtschaftlichen Aufschwung der kurfürstlichen Residenz Impulse wie keine andere Einwanderergruppe gegeben. Die französischen Glaubensflüchtlinge zeigten sich loyal, waren ehrlich und zuverlässig und verliehen der eher bäurisch geprägten brandenburgischen Residenz einen Hauch von »savoir vivre« und »Chic«. Bedenkt man, dass zum Ende der Regierungszeit des Großen Kurfürsten jeder dritte Berliner einer aus Frankreich zugewanderten Hugenottenfamilie angehörte, kann man deren vielseitigen Einfluss auf die Entwicklung der brandenburgischen Wirtschaft, Kultur und Wissenschaft erahnen.

Doch auch als Bauherr zeigte der Große Kurfürst eine glückliche Hand. Der Dreißigjährige Krieg war noch nicht zu Ende, als er in Berlin-Cölln mit dem Anlegen der bis heute berühmten Linden-Allee erste Akzente setzte, um aus der verwüsteten Stadt wieder eine repräsentative Residenz zu gestalten. Mit seiner sechsreihigen, den holländischen Promenaden nachempfundenen Tiergartenallee wollte der Kurfürst eine großzügige breite Prachtstraße schaffen und seiner Residenz jenen festlich-pompösen Anstrich verleihen, der damals barockes Macht- und Kunstverständnis am sichersten auszudrücken vermochte. So begreifen wir heute den kurfürstlichen »Vorstoß« in den Tiergarten und die Gründung der Lindengalerie zugleich als fürstliches Credo für die bauliche Erweiterung Berlins in westlicher Richtung.

Durch seine Architekten Johann Gregor Memhardt (1607 – 1678) und Michael Matthias Schmidts ließ er für seine erste Gattin Henriette von Nassau-Oranien (1627 – 1667) das Oranienburger Schloss (1651) zu einer frühbarocken Anlage umbauen. 1665 leitet er den Neubau des Berliner Marstalls ein und lässt sowohl das Ber-

Schloss Caputh – ein architektonisches Kleinod aus der Zeit Friedrich Wilhelms.

liner Stadtschloss als auch das Stadtschloss seiner Potsdamer Residenz im Stil des Barocks umgestalten. Für seine zweite Gattin, Sophie Dorothea von Holstein-Sonderburg-Glücksburg (1636/1668 – 1689), erwirbt Friedrich Wilhelm im Jahre 1671 das Caputher Sommerschloss, das er ganz im Sinne des holländischen Barocks umgestaltet. Das aus der Zeit des Soldatenkönigs erhaltene Speisegewölbe gilt als größtes mit Delfter Fliesen ausgestaltete Kabinett Europas und zählt zu den seltenen kulturhistorischen Kostbarkeiten.

Im Jahre 1670 schenkte Friedrich Wilhelm der Kurfürstin Dorothea das nördlich der Lindengalerie gelegene Tiergartenvorwerk. Da aber die sandigen Äcker und moorigen Wiesen nur magere Erträge versprachen, ließ die geschäftstüchtige Kurfürstin das Terrain als Bauland parzellieren, um mit dem erzielten Grundzins ihre Schatulle ein wenig aufzubessern. Die »Neustadt«, später wird sie nach ihrer Gründerin Dorotheenstadt heißen, entwickelte sich bald zu einem »Quartier des Nobles«, in deren »Erster Reihe« – der Nordseite der Lindenallee – sich bevorzugt Hofbeamte und Refugiès ansiedelten.

Als eins der letzten Bauwerke veranlasst der Große Kurfürst die Errichtung des Schlosses Köpenick (1677 – 1785) durch Rutger van Langevelt und Johann Arnold Nering (1659 – 1695).

Der Große Kurfürst blieb rastlos bis zu seinen letzten Tagen. Noch zwei Tage vor seinem Tode am 9. Mai 1888 leitete er im Potsdamer Stadtschloss eine Sitzung des Geheimen Rates. Hier verfasste er, das nahe Ende spürend, das folgende an den Kronprinzen Friedrich III. gerichtete Vermächtnis:

»Ich fühle, daß ich zum letztenmal dem Rate beiwohne, denn die Sanduhr meines Lebens wird bald abgelaufen sein. Durch Gottes Gnade habe ich eine lange und glückliche, aber eine sehr mühevolle, von Unruhe und Kriegen erfüllte Regierung gehabt. Jedermann weiß, in welchem armseligen Zustande ich die Länder nach meines Vaters Tod fand. Durch Gottes Hilfe habe ich sie in besseren Stand gebracht und hinterlasse Dir den Staat in Frieden und Wohlstand, von seinen Feinden gefürchtet, von seinen Freunden geachtet. Ich zweifle nicht, daß Du, mein Sohn, wie in der Regierung so auch in den Staatsgrundsätzen mein Nachfolge sein und mit allem Fleiße drauf bedacht sein werdest, den Ruhm, welchen ich Dir als Erbteil hinterlasse, zu bewahren und zu mehren. Mögest Du vor allen Dingen Gott vor Augen haben, Deine Untertanen herzlich lieben, treue Räte gern hören und das Heft der Waffen niemals aus den Händen lassen.«

Die nach ihm kamen, wussten, dass dieses Testament kein billiges Eigenlob darstellte. Der Große Kurfürst hatte die Mark in der Tat aus dem vom Dreißigjährigen Krieg hinterlassenen trostlosen Chaos geführt, das Land durch den Aufbau eines stehenden Heeres mit 31 000 Mann, der Wirtschaft und Verwaltung innenpolitisch konsolidiert. Mit dem legendären Fehrbelliner Sieg über die Schweden und dem Gewinn der Souveränität über das Herzogtum Preußen aber hatte Friedrich Wilhelm ein gutes Fundament für das weitere Erstarken Brandenburg-Preußens gelegt.

Friedrich I. – König in Preußen
Er war groß im Kleinen und klein im Großen

Friedrich der Große beschreibt den Charakter seines Großvaters Friedrich I. mit den nicht gerade schmeichelhaften Worten: »*Er war klein und verwachsen; seine Miene und seine Physiognomie gewöhnlich. Seine Seele glich den Spiegeln, die jeden Gegenstand zurückwerfen . . . Friedrich war zwar ohne Festigkeit, eitel und glanzsüchtig doch nicht ohne Wohlwollen und Gutmütigkeit, im ganzen aber war er groß im Kleinen und klein im Großen. Und sein Unglück wollte es, daß er in der Geschichte zwischen einen Vater und einen Sohn gestellt war, die ihn durch überlegene Begabung verdunkelten . . . 30 000 Untertanen opferte er in den verschiedenen Kriegen des Kaisers und der Verbündeten, um sich die Königskrone zu verschaffen. Und er begehrte sie nur deshalb so heiß, weil er seinen Hang für das Zeremonienwesen befriedigen und seinen verschwenderischen Prunk durch Scheingründe rechtfertigen wollte.*«

Gewiss war Friedrich bereits in seiner Kindheit und Jugend vom Schicksal nicht gerade verwöhnt worden. Verwachsen und von schwächlicher Statur, hatte er zusätzlich durch unzählige grässliche und ganz und gar untaugliche Experimente seiner Ärzte zu leiden, die mit Vehemenz versuchten, seinen Buckel und die verdrehten Füße zu kurieren. Zu allem Übel trifft den »Schiefen Fritz« der frühe Tod der Mutter, der Kurfürstin Luise Henriette von Oranien, als er gerade erst zehn Jahre alt ist. Seine Jugendliebe, Elisabeth Henriette von Hessen-Kassel, stirbt nach vier Ehejahren. Friedrichs Stiefmutter Dorothea aber steht am Berliner Hof in dem Verdacht, eine machtgierige Giftmischerin zu sein, weshalb sie hinter vorgehaltener Hand »Agrippina« genannt wird. So hält sich hartnäckig das Gerücht, sie hätte beim Tod an Friedrichs leiblichem Bruder Ludwig nachgeholfen. Verbürgt dagegen ist, dass Kurfürstin Dorothea den Großen Kurfürsten überreden konnte, ihren vier Söhnen Teile des Landes zu vererben. Und fast wäre das gerade erstarkte Brandenburg-Preußen in eine Reihe unbedeutender Fürstentümer zerfallen.

So gehörte es zu den ersten Amtsgeschäften des Kurfürsten Friedrich III., mit Hilfe seines Onkels Kaiser Leopold I. von Österreich unter Berufung auf die verbriefte Unteilbarkeit der Mark sein komplettes Erbe zurückzuholen. Die Einheit Brandenburgs kam ihm jedoch teuer zu stehen, denn er verhielt sich nicht kleinlich. Friedrich ernannte seine vier Halbbrüder zu Brandenburger Markgrafen – allerdings mit eingeschränkten Rechten – und gewährte ihnen ein jährliches Salär, das sie zu den am höchsten honorierten Kleinfürsten des Reiches machte und ihnen ein unangemessenes Luxusleben ermöglichte.

Gewiss darf es nicht einfach als Klischee abgetan werden, dass der in seiner äußeren Erscheinung benachteiligte Kurfürst lediglich zum Ausgleich zu Pomp und übermäßiger Repräsentation neigte. Wesentlicher dürfte der barocke Zeitgeist das Handeln Friedrichs bestimmt haben. Schließlich lebte er in einer Zeit, da neben ihm 1 500 europäische Fürstenhäuser versuchten, den von Ludwig XIV. in Versailles vorgelebten pompösen Lebensstil nachzuäffen. So musste es Friedrich III. als durchaus legitim und zeitgemäß empfinden, sich endlich wie andere Kurfürsten mit einer Königskrone zu schmücken. Dabei entwickelte er genügend diplomatischen Scharfsinn und Phantasie, die Königswürde nicht in dem zum Heiligen Römischen Reich gehörenden Brandenburg, sondern in Preußen anzustreben, das außerhalb des kaiserlichen Machtbereiches lag.

»Wan Ich die Königliche Dignitet auf meine Brandenburgschen Landen nehmen will, so bin Ich kein souverainer König sondern ein Lehn König und werde deshalb mit dem gantzen Reich zu thun haben und bekommen, wan Ich aber wegen Preußen die Königliche Dignitet annehme, so bin Ich ein independanter König.«

So beschreibt Friedrich selbst sein unbescheidenes und von vielen belächeltes Begehren, das sich am Ende als kluger Schachzug im europäischen Machtpoker erweisen sollte. Natürlich muss, obwohl Preußen nicht zum Reich gehört, der Kaiser zu Friedrichs Königswunsch trotzdem seinen Segen geben. Immerhin trägt Friedrich des Kaisers Kurhut. Ein kleiner Handel erleichtert die kaiserliche Zustimmung. Friedrich verhökert aus dem väterlichen Erbe 8 000 gut ausgebildete Brandenburger Soldaten, die der Kaiser dringend für seine Reichskriege braucht. Neben dem Krönungsvertrag bezieht der Kurfürst für diesen »Liebesdienst« außerdem eine Jahresmiete von 150 000 Talern.

Am 18. Januar 1701 ist Kurfürst Friedrich III. endlich am Ziel seines Königstraumes angekommen. In einer an Pomp kaum zu übertreffenden theatralischen Inszenierung setzt er sich in der preußischen Metropole Königsberg selbst die Königskrone aufs Haupt. Fortan wird er Friedrich I. König in Preußen heißen. Der erste Gekrönte der Hohenzollern. Dass er sich nicht König von Preußen nennen darf, ist ein zu verschmerzender Schönheitsfehler, den erst sein Enkel Friedrich der Große bereinigen wird. Über ein halbes Jahr dehnen sich die Krönungsfeierlichkeiten in Königsberg und Berlin aus und verschlingen die Unsumme von sechs Millionen Talern (bei einem staatlichen Jahreseinkommen von vier Millionen). Preußen ist geboren, ein neuer Staat und ein neuer Identifikationsbegriff, unter dem sich allmählich alle in den noch verstreuten Provinzen lebenden Untertanen einschließlich der Brandenburger zusammenfinden werden. Diese Selbstkrönung nötigte den einen Respekt ab und verleitete die anderen zu Spott und Hohn. Immerhin dokumentierte Friedrich I. mit dieser ungeheuerlichen und unüblichen Tat seine Souveränität gegenüber der Geistlichkeit. Sie versöhnte er auf seine tolerante Art, indem er sich und Königin Sophie Charlotte wenig später im Königsberger Dom von zwei eigens für den Krönungsakt ernannten und geadelten Bischöfen, einem Lutheraner und einem Reformierten, segnen ließ. Hundert Jahre später wird Friedrich in keinem Geringeren als Napoleon Bonaparte einen Nachahmer seiner spektakulären Eigenkrönung finden.

Friedrichs verschwenderische Hofhaltung und sein ungebändigter Hang zum Repräsentieren führten nicht nur zum systematischen Ruin der preußischen Finanzen.

Vor allem Berlin erlebte einen nie dagewesenen wirtschaftlichen Aufschwung, flossen doch die Hälfte der jährlichen vier Millionen Staatseinnahmen in die Hofhaltung und in den Ausbau »Spree-Athens«. Neben der Ausgestaltung der Vorstädte Friedrichsstadt und Dorotheenstadt wuchs eine sehenswerte Residenzlandschaft mit zahlreichen Schlössern, Gärten und Parks. Schloss Köpenick, das Zeughaus, Monbijou und Charlottenburg wurden gebaut. Andreas Schlüter setzte beim Umbau des Berliner Stadtschlosses neue architektonische Maßstäbe.

Per 1. Januar 1710 lässt König Friedrich I. die bisherigen fünf Residenzstädte Berlin, Cölln, Friedrichswerder, Dorotheenstadt und Friedrichswerder laut »Reskript von Kombinierung der rathäuslichen Kollegien« zur »Königlichen Haupt- und Residenzstadt Berlin« zusammenschließen, die nun nach einheitlichem Plan systematisch ausgebaut wird.

Parallel zum wirtschaflichen Aufblühen Berlins kam es zu Fortschritten auf den Gebieten der Wissenschaften und Künste, die vor allem dem geistig aufgeschlossenen

Das unter Friedrich I. erbaute Berliner Zeughaus zählt zu den bedeutendsten Barockbauten Europas.

Wirken der Königin Sophie Charlotte zu verdanken waren. Friedrichs zweite Gattin betrieb auf ihrem Schloss Lietzenburg – später wird es nach ihr Charlottenburg heißen – einen zweiten ansehnlichen Hof. Hier hatte sie um ihren Freund und Lehrer, den universalgebildeten Philosophen und Naturwissenschaftler Gottfried Wilhelm Leibniz einen Kreis aufgeklärter »Geister« versammelt. Auf Betreiben Leibniz´ wird die »Sozietät der Wissenschaften« gegründet, aus der später die Preußische Akademie hervorgeht. Das Universalgenie Leibniz wird erster Präsident der Akademie. Aus einem Pesthaus entwickelt sich die Berliner Charité als erstes öffentliches Krankenhaus mit medizinischem Lehrauftrag.

Doch auch im Land regt sich der wissenschaftliche Fortschritt. So entstehen in Halle eine Universität und die Franckeschen Stiftungen. In den unter Leitung des Pietisten August Hermann Francke stehenden Erziehungsanstalten und Waisenhäusern erhalten erstmals Kinder niederer Stände angemessene Bildung.

Die letzten Regierungsjahre Friedrichs I. waren von einer allgemeinen Erschöpfung begleitet. Nicht nur die Kassen waren leer, das ganze Land litt Mangel. Als sich Preußens erster König am 25. 2. 1713 zum Sterben legte, hinterließ er seinem Nachfolger als kostbarstes Gut die Königskrone in Preußen und einen Berg zu lösender Aufgaben.

Friedrich Wilhelm I. – der Soldatenkönig, der den Krieg verabscheute und den Frieden bewahrte

Als Friedrich I. im Jahre 1713 stirbt, weiß sein Thronfolger schon recht genau, dass er alles anders, ganz anders als der prunkliebende Vater machen wird. Preußens Hof soll nicht länger als billige Imitation des französischen Versailles belächelt werden. Preußen soll zu einem geachteten Sparta des Nordens, zu einem modern verwalteten, von Korruption, Günstlingswirtschaft und Schulden befreiten Staat mit einer schlagkräftigen Armee wachsen.

Preußen ist mit 20 Millionen Talern verschuldet, und die Staatskasse ist leer. Eine Mammutaufgabe ist zu lösen, die sich Friedrich Wilhelm schon als Kronprinz gestellt hat. Bereits früh hatte er sich mit Soldaten und Sparplänen beschäftigt. Schon als Sechsjähriger wurde er Chef eines Kavallerie- und eines Infanterieregiments, und zu seinem zehnten Geburtstag legte er sich ein Ausgabenbuch mit dem Titel »Rechnung über meine Dukaten« an, in dem er täglich über sein verbrauchtes Geld akribisch Rechenschaft legte.

So wundert es nicht, dass der Berliner Hof als letzte Prunkfeste die Beerdigung Friedrichs I. und die Krönung Friedrich Wilhelms I. erleben durfte. Dann macht der junge König ernst. Nichts bleibt, wie es war. Zuerst räumt er an den Höfen seiner Residenzen Berlin und Potsdam auf. Er streicht die Stellen der Höflinge drastisch zusammen. Von 142 Chargen lässt er noch 47 gelten. Die jährlichen Gehaltskosten für das Hofpersonal senkt er von 250 000 auf ganze 50 000 Taler. Müßiggänger haben keine Chance. Selbst den Küchen- und Keller-Etat reduziert er um 40 000 Taler pro Jahr. Von 600 in den königlichen Marställen stehenden Pferden gibt er lediglich 120 Tieren eine Chance, den Rest verkauft er. Auch den diamantenbesetzten Krönungsmantel seines Vaters sowie viele der kostbaren Schloss-Möbel und Porzellane wandelt Friedrich Wilhelm in klingende Münze um. Die königliche Luxusjacht tauscht er gegen ein paar Lange Kerls ein. Sein Sparzwang führt so weit, dass er die Lustgärten in Exerzierplätze und Lusthäuser in Lazarette und Unterkünfte verwandeln lässt. Da der König seine Bautätigkeit auf den nützlichen Ausbau der Garnisonen beschränkt und kein Interesse an weiteren Schloss- und anderen repräsentativen Prunkbauten hegt, entlässt er den begnadeten Hofbaumeister Eosander. Da Friedrich Wilhelm selbst für den talentierten Bildhauer und Architekten Schlüter keine Verwendung findet, sieht sich der gezwungen, am Zarenhof in St. Petersburg um eine Anstellung zu bitten. Aber auch die Akademien und die Theater, wie die gesamte Kunst, verkümmern. Ausnahmen bilden all jene Einrichtungen, die seiner Armee dienlich sein können. So gewährt er der Berliner Charité für die Ausbildung von Feldscheren Zuschüsse und fördert die Franckeschen Stiftungen in Halle, die für gut ausgebildeten Beamtennachwuchs sorgen.

Doch der König fordert nicht nur von anderen, den Gürtel enger zu schnallen und zu sparen. Nein, er gehört nicht zu jenen Herrschern wie sein Vater noch, die sich aus ihrer königlichen Stellung unbedenklich eine persönliche Sonderstellung und die Erfüllung ihrer oft extravaganten Begierden ableiten. Friedrich Wilhelm geht mit gutem Beispiel voran. Er verzichtet auf alle Kammerdiener und Zeremonienmeister bis auf ein paar Ausnahmen. Die noch am Mittagstisch des Vaters obligatorischen 12-Gänge-Menüs streicht er rigoros zusammen, lehnt die Perücken als Unfug ab und kleidet sich mit dem schlichten blauen Rock seiner Soldaten.

Friedrich Wilhelms konsequentes Sparprogramm zeigt rasch erste Erfolge. Die Kassen füllen sich. Nun kann er die vom verschwenderischen Vater angehäuften Schulden tilgen, pro Jahr obligatorische 10 Prozent der Staatsreserve zuführen und den Rest für die laufenden Ausgaben für Verwaltung und für seine Armee ausgeben. Dabei lehnt er es ab, neue Schulden aufzunehmen.

Das Militär verschlingt selbstredend den Löwenanteil der preußischen Staatsfinanzen. Bis zu 80 Prozent setzt Friedrich Wilhelm dafür ein. So viel gibt keine europäische Macht sonst für ihre Armee aus.

Bei solcher Dominanz der Armee ist es nur eine Frage der Zeit, dass der Soldatenkönig endlich die gesamte preußische Verwaltung reformiert. Warum soll er auch die zahlreichen Ämter mit ihren Beamten finanzieren, wenn sie doch kaum noch Mittel zu verwalten haben? So zieht Preußens Herrscher 1723 schließlich die logische Konsequenz und fasst das gesamte Finanz- und Militärwesen in einem starken »General-Ober-Finanz-Kriegs-und Domänen-Direktorium« zusammen, das kurz Generaldirektorium genannt wird. Wirtschaft und Militär bilden nun auch verwaltungstechnisch eine Einheit. Eine größere Effizienz ist kaum denkbar.

Damit hat Friedrich Wilhelm sein Ziel erreicht, die gesamte Wirtschaft der Armee unterzuorden. Nun gilt in Preußen der Grundsatz: Was für die Armee gut ist, das ist gut für den Staat.

Und in der Tat kann man dieser These zumindest unter den absolutistischen Verhältnissen der damaligen Zeit sogar bedingt zustimmen. So braucht die Armee zum Beispiel Kleidung, welche die größte deutsche Tuchmanufaktur, das Berliner Lagerhaus, liefert. Über 500 Weber und 5 000 Spinner sorgen für das dringend und in großen Mengen benötigte Uniformtuch. Einmal angekurbelt, reicht die Tuchproduktion schließlich sogar zum Export, ja wird zum führenden preußischen Ausfuhr-Schlager. Selbst die gewiss nicht kleine zaristische Armee kann völlig mit preußischen Tuchen versorgt werden.

Da Friedrich Wilhelm die Truppenstärke während seiner 27-jährigen Regierungszeit von 38 000 auf beinahe 84 000 Mann erhöht, bedarf es gewaltiger logistischer Anstrengungen, angefangen vom System der Rekrutierung bis zur Unterbringung und laufenden Versorgung. Da die Anwerbung von Soldaten immer problematischer wird, obwohl fast die Hälfte Ausländer sind, führt Friedrich Wilhelm das soganannte Kantonreglement ein. Es weist jedem Regiment einen bestimmten Kanton (Bezirk) zur Aushebung von soldatischem Nachwuchs und zur

Das Holländische Viertel in Potsdam – ein »Geschenk« des Soldatenkönigs.

Führung der Stammrolle zu, in der alle zum Militär verpflichteten Personen eingetragen werden.

Das leidige Unterkunftsproblem löst der Soldatenkönig, da es noch immer keine Kasernen gibt, mit einer Zwangszuweisung für die meisten bürgerlichen Haushalte der Garnisonstädte. Da diese jedoch nicht für die Aufnahme so großer Mengen von Militärs und ihrer Angehörigen vorbereitet sind, veranlasst der Soldatenkönig eine gewaltige Bautätigkeit. So baut er seine Lieblingsresidenz Potsdam zu einer bedeutenden Garnison aus. Dazu entmündigt er kurzerhand den Magistrat und erklärt Potsdam zur Immediatsstadt. Schließlich bezahlt Seine Königliche Majestät den immensen Aufbauaufwand – für Wohnhäuser, für Schulen und Kirchen (er lässt die Garnisonkirche und die Heiliggeistkirche erbauen) – aus seiner Immediatskasse. Als Friedrich Wilhelm in Potsdam zu bauen beginnt, zählt es gerade einmal 199 schilfgedeckte Katen mit 1500 Einwohnern. Als er die Garnisonstadt an seinen Nachfolger übergibt, stehen in der Potsdamer Residenz 1154 steinerne Häuser, in denen 11 708 Bürger leben, eingerechnet über 4 000 Soldaten mit ihren Familien.

Da Friedrich Wilhelm auch in seiner Bautätigkeit das »Reelle« und der Armee Nützliche gegenüber der Repräsentation bevorzugte, zählen zu den steinernen Zeugen seiner Ära, außer dem bescheidenen Potsdamer Jagdschlösschen, vor allem Potsdams 2. Barockerweiterung mit dem Holländischen Viertel, der Großen Stadtschule und dem Großen Militärwaisenhaus.

Die Langen Kerls, jene über 1,88 Meter großen Garde-Soldaten, sollen hier nur am Rande erwähnt werden. Sie waren neben der Jagd der einzige Luxus, den sich der Soldatenkönig gönnte. Auch sie kamen mit einer einzigen unbedeutenden Ausnahme wie die gesamte durch Drill und absoluten Gehorsam formierte Armee niemals ernsthaft zum Einsatz. Ein Kuriosum der preußischen Geschichte, dass gerade jener Hohenzollern-Herrscher, der als Soldatenkönig in die Annalen einging, nichts mehr hasste als den Krieg, der sogar seinem Land den Frieden bewahrte und nicht zuletzt dadurch erreichte, dass sich die Bevölkerungszahl Brandenburg-Preußens während seiner Regierungszeit auf 2,4 Millionen Bewohner nahezu verdoppeln konnte.

Am Ende seines schaffensreichen Lebens gibt er dem Kronprinzen Friedrich folgende Ratschläge mit auf den Weg:

»Fritz, denke an das, was ich Dir sage, halte immer eine gute und große Armee. Du kannst keinen besseren Freund haben und Dich ohne sie nicht halten. Unsere Nachbarn wünschen nichts mehr, als uns über den Haufen zu werfen, ich kenne ihre Absichten, und Du wirst sie noch kennenlernen. Glaube mir, denke nicht an die Eitelkeit, sondern halte Dich an das Reelle, halte immer auf eine gute Armee und auf das Geld, darin besteht der Ruhm und die Sicherheit eines Fürsten. Da Land und Armee von mir instand gesetzt sind, kann Er der Tradition gemäß, die Prätentionen und Länder herbeischaffen, die unserem Hause von Gott und Rechtswegen zugehören. Betet zu Gott und fanget niemals einen ungerechten Krieg an, aber wo Ihr recht habet, da lasset nicht ab.«

Friedrich der Große – nicht nur der Philosoph von Sanssouci

Mit großer Sorge hatte der Soldatenkönig beobachten müssen, dass sein Thronfolger Friedrich nur wenig Gefallen am Militärischen finden konnte, seine Leidenschaften dagegen den Künsten widmete. Fritz, wie er abkürzend in der königlichen Familie gerufen wurde, vergrub sich in Bücher, spielte Flöte und begann sogar mit dem Komponieren. Der König reagierte mit Härte, um den aufmüpfigen Sohn, der den väterlichen Anordnungen zunehmend nur widerwillig und mit Ironie nachkam, zur Räson zu bringen.

Mit drei Jahren musste der schmächtige und feinsinnige Junge bereits reiten, mit fünf Fechten und Schießen lernen und mit neun eine Uniform tragen und am Exerzieren teilnehmen. Den Tagesablauf des Thronfolgers regelte der Soldatenkönig nach strengem Reglement, bestimmt von Disziplin, militärischen Übungen und penetranter Kontrolle. Um sieben Uhr war Wecken, Beten und Waschen angesagt, dann Ankleiden in 15 und Frühstücken in 7 Minuten, gefolgt von Bibelstunde und Kirchgang. Die Mutter, die mit ihrem Sohn und dessen Lieblingsschwester Wilhelmine ein inneres Bündnis gegen die Strenge des Vaters eingegangen war, durfte die Kinder nur unter Aufsicht des Königs sehen. Auch nachts blieb Fritz nicht unbeobachtet. Jede Minute seiner Kindheitstage wurde von einem Erzieher begleitet. Selbst vor öffentlichen Züchtigungen und Demütigungen schreckte der Soldatenkönig nicht zurück.

In der bekannten Katte-Tragödie findet der Vater-Sohn-Konflikt schließlich seinen Höhepunkt. Um sich aus der väterlichen Tyrannei zu befreien, plant Friedrich gemeinsam mit seinem Intimfreund Leutnant Katte die Flucht nach England. Doch der Fluchtplan wird verraten. Entsprechend seinem Gerechtigkeitsempfinden, nach dem alle vor dem Gesetz gleich seien, fordert der Soldatenkönig für Fritz und für Katte die jedem Deserteur angedrohte Todesstrafe. Aber das mit dem delikaten Fall befasste Militärgericht verweigert das Todesurteil gegen den Kronprinzen. Hermann von Katte aber wird vor den Augen Friedrichs am 6. November 1730 in Küstrin hingerichtet. Erst als Friedrich vier Jahre vor der Thronbesteigung vom Vater für sich und die bereits 1733 geheiratete ungeliebte Prinzessin Elisabeth-Christiane von Braunschweig (1715 – 1797) Schloss Rheinsberg als kronprinzliche Residenz erhält, beginnt für ihn ein freieres Leben. Später wird Friedrich seine vier Rheinsberger Jahre als die glücklichsten seines gesamten Lebens bezeichnen.

Durch den Freund Georg Wenzelslaus von Knobelsdorff lässt er sich das heruntergekommene Rheinsberger Schloss nach eigenen Vorstellungen wohnlich gestalten. Ohne es zu ahnen, sollte es zum Präludium seines vor allen Aufenthaltsorten favorisierten Intimschlosses Sanssouci werden. Hier, in der weit vom verhassten Potsdamer Hof entfernten Idylle am Ufer des Grienericksees, versammelt er Gleichgesinnte um sich und darf endlich ungestört seinen Lieblingsbeschäftigungen nachgehen. Er liest und musiziert, dichtet und philosophiert. Bald gehört Voltaire zu seinen Brieffreunden. Um den von seinem Vater verjagten aufklärerischen Philosophen Wolff lesen zu können, muss er sich dessen deutsche Texte ins Französische übersetzen lassen. Dank seiner hugenottischen Amme spricht und liest Friedrich Französisch wie seine Muttersprache, während ihm das Deutsche Probleme bereitet.

In seinem Rheinsberger Refugium verfasst er schließlich den legendären »Anti-Machiavell«, eine bedenkenswerte philosophische Abhandlung, die bald als Moralkodex zur Staatsräson des aufgeklärten Despoten an allen Fürstenhöfen Europas die Runde macht. Hier schreibt der Kronprinz in der überschwänglich euphorischen Sprache der Aufklärung: *»Die Überschwemmungen, die ganze Landstriche verwüsten, der zündende Blitz, der Städte in Asche verwandelt, der Gifthauch der Pest, der Provinzen entvölkert – sie sind der Welt nicht so verhängnisvoll wie die schlechte Moral, wie die zügellosen Leidenschaften der Könige. Denn wie die Macht Gutes zu tun, wofern sie dazu gewillt sind, in ihre Hand gegeben ist, gleichermaßen steht ihnen, Böses auszuüben, wenn sie es wollen. Ein Jammer ist´s um das Los der Völker, alles vom Mißbrauch der Herrschermacht fürchten zu müssen: wenn all ihr Habe der Gier des Fürsten, ihre Freiheit seinen Launen, ihre Ruhe seinem Ehrgeiz, ihre Sicherheit seiner Tücke, ihr Leben seiner Grausamkeit ausgeliefert sind! Möge die Weltgeschichte nur die Namen der guten Fürsten aufbewahren, und die der anderen dem Untergange anheim geben samt ihrer Faulheit und ihrem Unrecht.«*

Solche Worte mussten in der aufgeklärten Welt auf offene Ohren stoßen. Kein Wunder, dass sich Brieffreund Voltaire umgehend meldete und Friedrich aufforderte:

Das Neue Palais bildet den architektonischen Höhepunkt der Potsdamer Residenz.

»Fahren Sie fort, großer Fürst, großer Mensch; vernichten Sie das Ungeheuer des Aberglaubens und des Fanatismus, diesen Feind der göttlichen Vernunft. Seien Sie der König der Philosophen!«

Der in Holland anonym erschienene Anti-Machiavell ist noch druckfrisch, da stirbt der Soldatenkönig, und Friedrich II. besteigt den preußischen Thron. Wieder sind die Erwartungen an den neuen König groß, und Friedrich hat durch seinen Moralkodex wesentlich dazu beigetragen. So huldigt die »Berliner Haude- und Spenersche Zeitung« Friedrich bei Regierungsantritt mit den euphorischen und hoffnungsfrohen Worten: *»Europa sieht auf Dich, gekrönter Heldensohn! Es sieht, ein Philosoph besteigt den Königsthron.«*

Durch solche und ähnliche Vorschusslorbeeren fühlen sich Künstler, Philosophen und Abenteurer aus aller Herren Länder von Friedrich angezogen. Mit ihnen wird er später auf seinem Weinberg in Sanssouci in seiner berühmten Tafelrunde philosophieren. Bis dahin ist aber noch ein weiter Weg. Erst einmal stürzt er sich in die ihm nun auferlegten Amtsgeschäfte.

Gleich am ersten Tag seiner Regierungszeit löst er die vom Soldatenkönig zum preußischen Kultsymbol erhobenen Bataillone der »Langen Kerls« auf und verteilt sie zu nützlichem Dienst auf die Regimenter. Er lässt Korn der öffentlichen Speicher zu erschwinglichen Preisen an die Bedürftigen ausgeben, schafft die mittelalterliche Folter und die härtesten Zensur-Bestimmungen ab. Auch in seinem familiären Umfeld macht er sich ehrlich und weist seiner ohnehin nur aus dynastischer Disziplin geehelichten Gattin das Pankower Schloss Niederschönhausen als ständigen Wohnsitz zu. Hier lebt sie forthin getrennt vom König mit einer großzügigen Apanage von jährlich 40 000 Talern.

Über seine Amtsübernahme am Sterbebett des Vaters, mit dem er sich in den letzten Stunden wieder versöhnt hatte, schrieb er an Voltaire: *». . . Er schien sehr ruhig und gefaßt und ertrug seine unendlichen Leiden mit größter Standhaftigkeit. Am Dienstag früh legte er die Regierung in meine Hände, nahm zärtlich Abschied von meinen Brüdern, von allen höheren Offizieren und mir. . . Er starb mit der Neugier eines Physikers über das, was im Augenblick seines Todes in ihm vorging, und mit dem Heroismus eines großen Mannes, und hinterließ uns allen den aufrichtigen Schmerz über seinen Verlust und das nachahmenswerte Beispiel eines tapferen Sterbens . . . Ich habe gleich damit begonnen, die Wehrkraft des Staates um sechszehn Bataillone, fünf Schwadronen Husaren und ein Schwadron Gardedukorps zu vermehren. Ich habe Grundlagen unserer Akademie gelegt. Wolf, Maupertius, Vaucanson und Algarotti habe ich gewonnen. Von s´Gravesande und Euler erwarte ich die Antwort. Ich habe eine Behörde für Handel und Industrie geschaffen; ich nehme Maler und Bildhauer in Dienst und reise nach Ostpreußen, um mir dort huldigen zu lassen.«*

Wahrlich ein furioser und hoffnungsvoller Regierungsauftakt. Doch bald kommt alles ganz anders, als viele erwarteten. Der Philosophenkönig tut genau das, was er gerade eben in seinem Anti-Machiavell verteufelt hat: Er inszeniert eine Kette verhängnisvoller Kriege.

Am 20. November 1740 stirbt der Habsburger Kaiser Karl VI. Ungewöhnlicherweise, doch vorsorglich in der »Pragmatischen Sanktion« mit den europäischen Herrscherhäusern abgesegnet, übernimmt dessen Tochter Maria Theresia die Wiener Kaiserkrone. Der gerade noch sich human und friedlich gebende Friedrich ist wie verwandelt. Er erkennt die Pragmatische Sanktion nicht an und erhebt Ansprüche auf Schlesien, das er nun in drei Kriegen erobert. Forsch verkündet er: *»Dieser Todesfall zerstört alle meine friedlichen Gedanken, und ich glaube, im Monat Juni wird es mehr auf Pulver, Soldaten und Trancheen ankommen, als auf Schauspielerinnen, Ballett und Theater. . . Jetzt ist der Zeitpunkt der Neuordnung des alten politischen Systems.«*

Als er im Winter 1740 ohne Kriegserklärung mit 21 000 Soldaten in Schlesien einmarschiert, ahnt er noch nicht, dass er die wohl verlustreichste Serie von Kriegen seines Jahrhunderts begonnen hat. Europa zeigt sich entsetzt über den preußischen Königsphilosophen. Doch das Schicksal nimmt seinen von Friedrichs Ehrgeiz angestachelten Lauf. Als Friedrich in den ersten der schlesischen Kriege einrückt, da zählt er gerade 28 Jahre. Als er aus dem dritten heimkehrt, steht er im 52. Lebensjahr. Ein vom Krieg gezeichneter alter Mann, gebückt und krank. Schon lange nennt man ihn im Volk »Alter Fritz«.

Friedrich der Große ließ die »Kommode« als Königliche Bibliothek erbauen.

Die »Neuordnung der europäischen Landkarte« aber hat Preußen an den Rand einer Katastophe geführt. 150 000 Landeskinder bezahlten den kranken Ehrgeiz des Königs mit ihrem Leben. Doppelt so viele Tote beklagten seine Gegner. Die preußische Kriegskasse verbuchte 30 Millionen Taler Kriegskosten. Wegen seiner oft legendären Siege aber geht der »Alte Fritz« als Friedrich der Große in die Annalen ein.

Für Friedrichs Elan und Disziplin spricht es, dass er trotz seiner kriegerischen Abenteuer seine Jugendträume zu verwirklichen sucht, die er gemeinsam mit dem Architekten und Freund Georg Wenzelslaus von Knobelsdorff in seinen Rheinsberger Mußestunden geträumt hatte. Noch frei von den Lasten der Staatsführung, entwarf er hier das künftige repräsentative Gesicht der Berliner Königs-Residenz, die im Plan des grandiosen Forum Fridericianum gipfelte. Doch das in Rheinsberg entworfene Friedrichsforum blieb nur Fragment. Immerhin entstand mit dem schließlich auf Stadtplatzformat geschrumpften Lindenforum mit Königlichem Opernhaus (Knobelsdorff 1742), Hedwig-Kathedrale (Boumann 1773) und Königlicher Bibliothek (Boumann 1775/80) eines der schönsten Platz-Ensembles Europas. Schon recht früh hatte sich Friedrich von seinen pompösen Plänen zum Ausbau der Berliner Residenz verabschiedet und sein Interesse nach Potsdam verlagert, das er nun mit all seinem architektonischen Ehrgeiz zu einer repräsentativen Barockstadt ausbauen ließ.

Gleichsam als architektonischer Glanzpunkt des friderizianischen Rokokos gilt sein Weinbergschloss Sanssouci, das Knobelsdorff zwischen 1745 und 1747 nach Skizzen des Königs zu einem beschaulichen Intimschloss gestaltete. Hier, in einiger Entfernung zum Potsdamer Hof, hielt sich Friedrich II. während der Sommermonate bevorzugt auf. In Sanssouci versuchte er seinen musischen Neigungungen nachzugehen. Menzel verewigte diese Lebensseite Friedrichs des Großen in seinen berühmten Gemälden »Die Tafelrunde« und »Das Flötenkonzert«.

In Sanssouci, wo der König eher als Philosoph denn als Monarch »sans souci«, ohne Sorge, leben wollte, waren Voltaire, Lordmarschall Georg Keith, General Heinrich August de la Motte Fouqué und andere zu Gast. Aber auch Goethe und Casanova statteten dem Philosophen-König auf seinem Weinberg einen Besuch ab. Auch Johann Sebastian Bach gehörte zu Friedrichs Gästen. Dem großen Komponisten gab Friedrich die Töne b-a-c-h vor, aus denen der Meister eigens für den König eine Fuge unter dem sprechenden Titel »Musikalisches Opfer« komponierte.

Doch Schloss Sanssouci sollte nicht allein bleiben. Friedrich II. ließ in den Folgejahren den heute zum Weltkulturerbe zählenden Park von Sanssouci anlegen, den zahlreiche interessante Schlösser und andere Kleinarchitekturen schmücken.

Sein letztes großes Bauwerk initiierte Friedrich der Große nach dem Ende des Siebenjährigen Krieges für den westlichen Abschluss des Parks von Sanssouci. 1000 Handwerker engagierte er für den Aufbau des Neuen Palais, das er als sein »Potsdamer Versailles« und als »Fanfaronade« (Prahlerei) verstanden haben wollte. Mit dem Protzbau sandte er gleichsam die Botschaft in die Welt, dass Preußen trotz seiner bis zur Erschöpfung geführten Kriege noch da, noch potent war.

Ein lobenswertes Ruhmesblatt unter Friedrichs Taten sind seine friedlichen Eroberungen in der Mark selbst. Der Bau des Finowkanals (ab 1744) und des Storkower Kanals (1747), aber vor allem die Trockenlegung des Oderbruchs (1744 – 1763) gehören dazu. Damit hatte er eine Provinz mit einer Fläche von 32 000 Hektar im Frieden gewonnen und hier 50 Dörfer gegründet.

Die zielstrebige Kolonisationspolitik Friedrichs II. gab 124 720 Kolonisten in der Kur- und Neumark eine neue Heimat.

Am Ende seines Lebens spricht man kaum noch von Brandenburg. Das Land heißt jetzt Preußen. Der neue Staat ist zehnmal so groß wie die einstige Kurmark und reicht vom Rhein bis an die russische Grenze, von Nordhausen bis zur Ostsee und von Böhmen bis nach Memel.

Für den Fall seines Ablebens hatte Friedrich II. bereits 1744 vorgesorgt, als er sich auf der Terrasse von Sanssouci seine Gruft errichten ließ und 1752 verfügte: *»Ich habe als Philosoph gelebt und will als solcher begraben sein, ohne Prunk und ohne die geringsten Zeremonien . . . Man bringe mich beim Schein einer Laterne und ohne dass mir jemand folgt, nach Sanssouci und bestatte mich dort ganz schlicht auf der Höhe der Terrasse, rechterhand wenn man hinaufsteigt, in einer Gruft, die ich mir habe herrichten lassen.«*

Friedrichs Neffe und Nachfolger, Friedrich Wilhelm II., ignorierte den Wunsch seines Onkels und ließ ihn mit großem Pomp in der Garnisonkirche zu Potsdam neben dem Soldatenkönig beisetzen. Erst zu Friedrichs 205. Todestag, am 17. August 1991, sollte sich dessen Wunsch erfüllen und er seine letzte Ruhe unweit seines Lieblingsschlosses Sanssouci neben seinen gegenüber den Menschen bevorzugten Windspielen finden.

Friedrich Wilhelm II. – unter dem Vielgeliebten regieren Rosenkreuzer und Mätressenwirtschaft am Potsdamer Hof

Friedrich der Große hinterlässt einen wohlgeordneten, nach den Regeln streng preußischer Ordnung und Disziplin verwalteten Staat. Preußens Territorium erstreckt sich nun über 200 000 Quadratkilometer, auf denen 5,4 Millionen Menschen leben. Die Staatskassen sind mit einem stattlichen Goldschatz von 51 Millionen Talern beruhigend gefüllt. Mit seiner kampferprobten Armee, die den unvorstellbaren Umfang von 193 768 Mann erreicht hat, ist das Land zwischen Kleve und Ostpreußen zu einer in ganz Europa geachteten und gefürchteten militärischen Großmacht aufgestiegen. Da F. II. kinderlos geblieben ist, übernimmt 1786 sein Neffe Friedrich Wilhelm II. die preußische Königskrone und ein erbauliches Erbe.

Nach der langen Regierungszeit des Großen Königs atmet das Land bei dessen Tode auf. Die Bürger erwarten vom neuen Landesvater, der als leutselig und weniger streng gilt, spürbare, vor allem steuerliche, Erleichterungen. Des neuen Königs Maxime heißt »Leben und leben lassen!«, damit kann sich der Bürger schon eher anfreunden als mit dem gnadenlosen Einfordern staatlicher Pflichterfüllung. So erweisen die Stände dem »Dicken Wilhelm«, wie sie den neuen König jovial nennen, bereits bei dessen Thronbesteigung die Anerkennung mit einer extra für diesen Akt geprägten Münze. Sie ziert die Aufschrift »Nova Spes Regni!«, »Des Königreichs neue Hoffnung!«, mit der sie ihre Sehnsucht auf Veränderung dezent ausdrücken.

Und tatsächlich honoriert Friedrich Wilhelm die ihm entgegengebrachte Zuneigung. Er schafft die unter dem Namen »Regie« firmierende verhasste friderizianische Steuerbehörde ab, senkt die Steuern für Tabak und Kaffee und hebt das staatliche Tabak- und Kaffeemonopol auf. Den vor allem die Garnisonstädte belastenden Einquartierungszwang mildert er, schafft ihn jedoch nicht ab. Doch der anfängliche Elan des Königs versiegt rasch, und seine Zugeständnisse erweisen sich bald als blasse Eintagsfliegen. Die Bürger sind enttäuscht. Dabei hätten sie es ahnen können. F. II. hatte ja schon zu Lebzeiten prophezeit, wohin das von ihm auf strengen Kurs gesteuerte Staatsschiff unter seinem Neffen, dem Sohn seines Bruders August Wilhelms, driften würde. Der »Alte Fritz« hatte den Kronprinzen mit den Worten vorausschauend charakterisiert: *»Dieser ist der plumpeste Tölpel, den Sie sich vorstellen können. Er hat weder von der Gestalt noch vom Geist seines Vaters etwas. Ungeschickt in allem, was er tut, ungehobelt, halsstarrig, launenhaft, ein Wüstling, verdorben in seinen Sitten, töricht und widerwärtig, das ist er nach der Natur gemacht.*

Es wird ein lustiges Leben bei Hofe werden. Mein Neffe wird den Schatz verschwenden, die Armee ausarten lassen. Die Weiber werden regieren, und der Staat wird zugrunde gehen.«

Leider sollte Friedrich der Große mit seiner negativen Propheterie Recht haben. Während der Soldatenkönig und Friedrich II. die Staatsgeschäfte noch bis ins Detail selbst gelenkt hatten, überließ Friedrich Wilhelm II. die triste Regierungsarbeit immermehr seinen dem Orden der Rosenkreuzer angehörenden Günstlingen Hans Rudolf von Bischoffwerder und Johann Christian Wöllner. Da der König ohnehin zu Mystik und Okultem neigte, trat er bald selbst der Geheimen Gesellschaft bei, durch deren Einfluss verschiedene vom Geist der Aufklärung bestimmte Reformen rückgängig gemacht oder verhindert wurden.

Neben Bischoffwerder und Wöllner »regierten« aber auch »die Weiber« mit, fühlte sich doch Friedrich Wilhelm, der Vielgeliebte, mit nicht zu bremsender Lebenslust zum »schwachen Geschlecht« hingezogen. In seinen fortlaufenden Affären, die er während seiner zweiten Ehe mit Friederike von Hessen, der Mutter des nächsten Thronfolgers, hat, erweist er sich als hemmungsloser Genussmensch, dem jede Neigung zu preußischer Pflichterfüllung fremd ist. Die ernsthafteste außereheliche Beziehung unterhielt er zu Wilhelmine Enke, der Tochter eines Potsdamer Hofmusikers. Sie hatte er schon in sehr jungen Jahren kennen und lieben gelernt. Später zur Gräfin Lichtenau erhoben, blieb sie bis zu seinem Tode seine fürsorgliche Beraterin, obwohl er sich außerdem nacheinander mit Julie von Voß, die er zur Gräfin Ingelheim kürt, und der charaktervollen Gräfin Sophie von Dönhoff

»zur linken Hand« vermählt. Diese sognannten morganatischen Ehen fanden den Segen der Kirche und sollten wenigstens den Schein der Sittlichkeit wahren, legitimierten jedoch lediglich die königliche Mätressenwirtschaft.

Der im Dienste Friedrich Wilhelms II. stehende Bildhauer Gottfried Schadow charakterisierte das damalige Hofleben wohl am krassesten: *»Zur Zeit Friedrich Wilhelms II. herrschte die größte Liederlichkeit, alles besoff sich mit Champagner, fraß die größten Leckereien, fröhnte allen Lüsten. Ganz Potsdam war wie ein Bordell; alle Familien dort suchten nur mit dem Könige, mit dem Hof zu tun zu haben, Frauen und Töchter bot man um die Wette an, die größten Adligen waren am eifrigsten.«*

Der zum engen Zirkel des Königs gehörende Oberst von Massenbach notierte in sein Tagebuch: *»Der König hat die größte Ähnlichkeit mit einem asiatischen Fürsten, der sich in das Innere seines Serails zurückgezogen hat und mit seinen Sklaven und Sklavinnen lebt, die Regierungsgeschäfte aber seinen Wesieren überläßt. Die*

Friedrich Wilhelm II. bevorzugte das Marmorpalais als Sommerresidenz.

Ringmauer, welche jetzt zwölf Fuß hoch um den Neuen Garten in Potsdam gezogen wird, erinnert an Mauern des Serails; kein fremdes Auge soll sehen, was in dem Bezirk vorgeht.«

Populär wurde Friedrich Wilhelm II. jedoch weniger durch seine Mätressen als vielmehr durch seine Bürgernähe, Leutseligkeit und Kunstliebe. So verdankten ihm die Potsdamer ihr Theater, über dessen Portal er das Motto »dem Vergnügen der Einwohner« schreiben ließ.

Den noch von Friedrich II. bevorzugten und erstarrten französischen Traditionalismus lehnte er ab und brach mit Vehemenz eine Lanze für die bisher in Preußen eher ein Schattendasein führende deutsche Kunst. So ließ er das französische Komödienhaus am Berliner Gendarmenmarkt 1787 schließen und es als deutsches Nationaltheater mit den programmatischen Worten wiedereröffnen: *»Wir sind Teutsche und wollen es bleiben.«* An Stelle der italienischen Barockoper erhielten nun Willibald Glucks Werke eine Chance. Seine »Iphigenie auf Tauris« wurde in Berlin 1795 erstmals mit deutschen Sängern in deutscher Sprache aufgeführt. Mozart durfte bereits 1789 im Berliner Nationaltheater in Anwesenheit Friedrich Wilhelms seine »Entführung aus dem Serail« dirigieren. Beethoven spielte im königlichen Marmorpalais und widmete dem musischen König, der selbst leidenschaftlich Cello spielte, seine Sonaten für Cello und Klavier F-Dur op. 5, Nr. 1 und 2.

Obwohl Friedrich Wilhelm II. nur elf Regierungsjahre blieben, bereicherte er die Berlin-Potsdamer Kulturlandschaft recht prägend. So ließ er u. a. das Brandenburger Tor (Langhans 1791); das Marmorpalais (Gontard und Langhans 1787/91) und die Orangerie (Langhans und Krüger 1791/92) in Potsdams Neuem Garten und das Pfauenschloss auf der Pfaueninsel erbauen.

Doch selbst sein künstlerisches Engagement brachte ihm kaum Ruhm ein. Am Ende blieb eine niederschmetternde Wertung über das Wirken Friedrich Wilhelms II., die Graf Mirabeau als Zeitzeuge in einer Depesche an seine Pariser Regierung sandte: *»Von Tag zu Tag steigt die Verachtung gegen den neuen König. Man ist schon über die Bestürzung hinweg, die der Verachtung vorhergeht. Am Anfang staunte man, als man sah, daß der König seiner Vorliebe treu blieb fürs Theater, fürs Konzert, für die alte und für die neue Mätresse. Man staunte, als er Stunden fand, um Bilder, Möbel, Kaufmannsläden zu besehen, um auf dem Violoncello zu spielen, um über die Händel der Hofdamen sich zu unterrichten und Minuten, um seine Minister zu hören, die unter seinen Augen die Interessen des Staates lenken. Gegenwärtig staunt man, wenn irgend eine Thorheit einer neuen Art oder irgend eine Gewohnheitssünde nicht einen seiner Tage in Anspruch genommen hat.«*

Als Friedrich Wilhelm II. am 16. November im Marmorpalais im Beisein der Gräfin Lichtenau stirbt, sind die Vertrauten des Thronfolgers schon auf dem Sprung. Kaum hat der König die Augen geschlossen, verhaften sie die treue Gräfin im Auftrag Friedrich Wilhelms III., der wieder einmal alles anders als sein verschwenderischer lebenshungriger Vater machen wird.

Friedrich Wilhelm III. – Preußens Bürgerkönig und glückloser Widersacher Napoleons

Als Friedrich Wilhelm III. die Nachfolge seines Vaters antrat, sollte sich zumindest das äußere Erscheinungsbild des preußischen Hofes wieder einmal gravierend ändern. Im Gegensatz zu seinem verschwenderischen, die Günstlings- und Mätressenwirtschaft fördernden Vorgängers verabscheute der neue König dessen Lebenswandel und Staatsführung. Überhaupt verachtet er den Hof mit seiner unnatürlichen Etikette und jedes Repräsentationsgebaren. Schon als Kronprinz hatte er sich deshalb mit seiner Gemahlin Luise von Mecklenburg-Strelitz während der Sommermonate in das havelländische Paretz zurückgezogen, das ihm der Architekt David Friedrich Gilly zu einer wahrhaft ländlichen Gutsherren-Idylle ausgebaut hatte. Das im Stil des Klassizismus völlig neu aufgebaute Paretz mit einem eher als Herrenhaus zu vergleichenden »Schloss still im Lande«, der umgestalteten gotischen Dorfkirche und zahlreichen Bauernhöfen lockt noch heute alljährlich zahlreiche Besucher an, die auf den durch Legenden verdichteten Spuren des einzigen preußischen »Bürgerkönigs« und dessen als Landesmutter beliebter Gattin Luise wandeln. Hier, in ihrer bescheidenen Paretzer Nebenresidenz, lebte das Königspaar in der Tat abseits vom lauten Trubel der Potsdamer und Berliner Höfe ein beinahe bürgerliches Leben. Zeitgenossen orakelten, dass Friedrich Wilhelm III. lieber Dorfschulze statt König geworden wäre, hätte er auf sein Schicksal Einfluss nehmen können. Auch während der anderen Zeit mied er den Aufenthalt in seinen Schlössern und bevorzugte das schlicht eingerichtete Kronprinzenpalais in Berlin unter den Linden als seinen Hauptwohnsitz.

Friedrich Wilhelms aufgestauter Hass gegen den Vater entlud sich bereits am Sterbetag des Vaters, an dem er dessen favorisierte Mätresse, die Gräfin Lichtenau, unmittelbar am Totenbett im Marmorpalais verhaften, in der Festung Glogau arretieren und ihr gesamtes Vermögen konfiszieren ließ. Erst viel später, als sich seine Vorwürfe gegenüber der Gräfin längst als haltlos erwiesen hatten, kam die Lichtenau wieder frei und erhielt immerhin einen Teil ihres Besitzes zurück.

Mit den regierenden Günstlingen und korrupten Beratern seines Vaters verfuhr er ähnlich rigoros. So mussten Bischoffwerder und Wöllner als erste ihren Hut nehmen. Mätressen- und Günstlingswirtschaft hatten unter seiner Ära keine Chance mehr. Mit ängstlichem Misstrauen wachte er darüber, dass sich nicht erneut Schmeichelei und Kriecherei breitmachten.

So wie der König einen schlichten bürgerlichen Wohnstil bevorzugte, so einfach kleidete er sich auch. Der schmucklose blaue Leibrock, ohne Tressen und mit geschlossenem Kragen gehörte zu seiner Standardkleidung. Behaglich fühlte er sich nur außerhalb der einengenden höfischen Etikette, im überschaubaren familiären häuslichen Kreis, der nahezu kleinbürgerliche Züge annahm. Obwohl Friedrich Wilhelm III. eine durchaus äußere stattliche Erscheinung war, fühlte er sich im öffentlichen

Verkehr unsicher, verhielt sich introvertiert und nahm sich in Gesprächen bis zur Schweigsamkeit zurück. Trotzdem mischte sich der König gern unter das »gewöhnliche« Berliner Volk, wo er rein privat den Weihnachtsmarkt und den Stralauer Fischzug mit Freude besuchte, sich beim Aufstieg eines Luftballons und bei profanen Theaterlustspielen vergnügen konnte.

Sein Königtum, zu dem er sich durchaus nicht berufen fühlte, weil er seine und Preußens Unzulänglichkeiten wohl einzuschätzen wusste, begründete er auf ehrlicher Frömmigkeit, Treue, Zuverlässigkeit, Nüchternheit und Sparsamkeit, die er nicht selten bis zu unerträglicher Pedanterie trieb.

Seinem Charakter folgend, empfand Friedrich Wilhelm III. jeden Krieg als unzumutbare und unter allen Umständen zu verhindernde Last. Doch das Schicksal wollte es, dass von Frankreich aus übermenschliche Herausforderungen auch auf Preußen zukamen, die durch kein Lavieren und Zaudern aus der Welt zu schaffen waren. Als Napoleon Bonaparte, der selbstgekrönte Kaiser aller Franzosen, zum großen Angriff auf Europa blies, fand sich Preußen plötzlich zwischen den Fronten. Am 14. Oktober 1806 kam in der Doppelschlacht bei Jena und Auerstedt die Stunde der Wahrheit. Die noch nach friderizianischen Mustern in Lineartaktik agierende preußische Armee musste den in beweglicher aufgelöster Ordnung kämpfenden französischen Tirailleurschwärmen und deren schussgewaltiger Artillerie den längst fälligen Tribut zahlen und kapitulieren. Was F. II. seinem Nachfolger Friedrich Wilhelm II. prophezeit hatte, war nun eingetreten: Preußens Armee war unter den wuchtigen Schlägen des Korsen zusammengebrochen, das Land befand sich in völ-

Friedrich Wilhelm III. ließ die Russische Kolonie Alexandrowka erbauen.

liger Abhängigkeit des französischen Kaisers, durfte durch den schmählichen Tilsiter Frieden (9. Juli 1807) nur durch dessen Gnade als Restgebilde weiter existieren und musste Hilfstruppen gegen den Verbündeten Russland stellen.

Immerhin war das Schlimmste verhindert worden, Preußen war nicht von der Landkarte getilgt worden und hatte seine Eigenstaatlichkeit, wenn auch in sehr begrenztem Umfang, erhalten können. Männern wie dem Freiherrn vom Stein, Hardenberg, Scharnhorst und Gneisenau ist es zu verdanken, dass sich dank wenigstens bescheidener Reformen Wirtschaft und Armee allmählich wieder konsolidieren konnten, um schließlich an der Seite der Truppen des russischen Zaren Alexander dem napoleonischen Spuk ein Ende zu bereiten.

Auf dem Wiener Kongress mischte die aus Russland, Österreich und Preußen formierte sogenannte »Heilige Allianz« der Monarchen die europäischen Karten neu. Preußen war wieder einmal mit einem blauen Auge davongekommen. Ja, Friedrich Wilhelm III. fand sich plötzlich sogar im Zirkel der Gewinner. Sein Verdienst jedenfalls war daran nur gering.

Das Volk aber, das während des heroischen Befreiungskrieges gegen Napoleon mit hohem Blutzoll gezahlt hatte, wartete nach dem eine allgemeine Restauration einleitenden Wiener Kongress vergebens auf umfassende demokratische Reformen und auf die versprochene und längst überfällige Verfassung.

Immerhin hatte sich in Preußen die Gewerbefreiheit durchgesetzt, und die Erbuntertänigkeit der Bauern war endlich abgeschafft worden. Wirtschaft, Wissenschaft und Kunst konnten sich nun freier entwickeln. Dank des begnadeten Architekten Karl Friedrich Schinkel und des Gartenbaumeisters Peter Joseph Lenné bekamen die Residenzen Berlin und Potsdam ein modernes dem klassizistischen Zeitgeist angepasstes Antlitz. Von Schinkels Genialität zeugen noch heute u. a. Berlins Neue Wache (1816), das Schauspielhaus (1822/28), die Schlossbrücke (1822/24) und die Friedrichswerdersche Kirche sowie das Babelsberger Schloss.

Friedrich Wilhelm III. starb am 7. Juni 1840 in Berlin. Als er im Mausoleum im Park von Charlottenburg beigesetzt wurde, wo Königin Luise bereits seit 1810 ruhte, war mit ihm eine ganze Epoche zu Grabe getragen worden.

Seinem Nachfolger hatte er in seinem bereits 1827 verfassten politischen Testament ans Herz gelegt:

»Hüte Dich vor der so allgemein um sich greifenden Neuerungssucht, hüte Dich vor unpraktischen Theorien, deren so unzählige jetzt im Schwange sind, hüte Dich aber auch vor einer fast ebenso schädlichen zu weit vorangetriebenen Vorlieb für das Alte, denn nur dann, wenn Du diese beiden Klippen zu meiden verstehst, nur dann sind wahrhaft nützliche Verbesserungen geraten. Verabsäume nicht, die Eintracht unter den europäischen Mächten, soviel in Deinen Kräften, zu befördern. Vor allem aber mögen Preußen, Rußland und Österreich sich nie voneinander trennen, ihr Zusammenhalten ist als Schlußstein der großen europäischen Allianz zu betrachten.«

König Friedrich Wilhelm IV. – Romantiker und dilettierender Architekt

Friedrich Wilhelm IV. stand bei seiner Krönung zum preußischen König in Königsberg bereits im reifen Mannesalter von fast 45 Jahren. Seine Regierungszeit fiel in die stürmischen Jahre der 48-er Revolution und verlangte vom neuen König weitreichende politische Entscheidungen. Aktiv hatte er bereits als Kronprinz an den Befreiungskriegen gegen das napoleonische Joch teilgenommen und war in der Kommission federführend, welche die Hardenbergschen Verfassungsentwürfe begutachten musste. Dabei war er bereits zu der Erkenntnis gelangt, dass der preußische Staat nicht neu konstituiert werden müsse. Diesem rückwärtsgewandten Grundsatz blieb er bis an sein Lebensende treu, wenn er später den Reformern auch manches Zugeständnis machen musste. Immerhin ließ sich der »Romantiker auf dem Thron der Cäsaren« (aus dem Titel eines von dem theologischen Schriftsteller David Strauß über Friedrich Wilhelm IV. verfassten Schlüsselroman) erweichen, die noch unter dem Regime seines Vaters eingekerkerten Opfer der sogenannten Demagogenverfolgung zu amnestieren. Arndt durfte wieder lehren, Turnvater Jahn sich weiter für die körperliche Ertüchtigung breiter Volkskreise engagieren und die Gebrüder Grimm, nun an die Berliner Akademie berufen, vervollkommneten ihre Märchensammlung.

Das Weltbild Friedrich Wilhelms IV. war eng in den Gedanken einer mittelalterlichen religiös verbrämten Romantik verwurzelt. Seine politschen Träume richteten sich deshalb auf ein starkes mitteleuropäisches Kaisertum. Jede verfassungsmäßige Einschränkung und Kontrolle des Monarchen, die in den liberalen Ideen seiner Zeit immer massiver gefordert wurde, lehnte er mit dem Verweis ab, dass der König seinem Volk von Gottes Gnaden gegeben sei und deshalb selbst alle persönliche Kraft und Energie daransetzen müsse, die ihm anvertrauten Landeskinder glücklich zu machen.

In seiner Eröffnungsrede auf dem Vereinigten Landtag im April 1847 brachte Friedrich Wilhelm seine ungebrochenen Ansichten über die Unvereinbarkeit eines Verfassungsstaates mit der von ihm verfochtenen These des gottgegebenen uneingeschränkten Königtums auf den Punkt, als er erklärte, *»daß es keiner Macht der Erde je gelingen soll, mich zu bewegen, das natürliche, gerade bei uns durch seine innere Wahrheit so mächtig machende Verhältnis zwischen Fürst und Volk in ein konventionelles, konstitutionelles zu wandeln, und daß ich nie und nimmer zugeben werde, daß sich zwischen unserem Herrgott im Himmel und diesem Land ein beschriebenes Blatt, gleichsam als eine zweite Vorsehung, eindränge, um uns mit seinen Paragraphen zu regieren und durch sie die alte heilige Treue zu ersetzen.«*

Wie glücklich Friedrich Wilhelms Landeskinder tatsächlich waren, sollten ihm bald die aus unendlicher Not ausbrechenden schlesischen Weberaufstände im Jahre 1844 und schließlich die 48-er Märzrevolution besonders in Berlin lehren. Während der Berliner Märzkämpfe zog sich der sensible König unauffällig in seine loyale Potsdamer Residenz zurück und überließ seinem Bruder Wilhelm den blutigen Part. Erst als der Aufstand niedergeschlagen war, Wilhelm sich nach Holland abgesetzt hatte und die Toten zum letzten Geleit aufgebahrt worden waren, zeigte sich Friedrich Wilhelm wieder in Berlin. Mit angesteckter schwarz-rot-goldener Kokarde der Demokraten verneigte er sich vor den März-Gefallenen. Als am Ende im Dezember 1849 doch noch Preußens provisorische Verfassung in Kraft trat, blieb Friedrich Wilhelm keine Wahl. Am 6. Februar 1850 schwor der König den Verfassungseid und anerkannte damit das Ende des Absolutismus in Preußen, das forthin eine konstitutionelle Monarchie mit Gewaltenteilung war. Doch die preußische Verfassung erwies sich am Ende als recht halbherziger Kompromiss. Ihre Inkonsequenz lag vor allem in der garantierten Sonderstellung des Königs, der die Exekutive weiterhin fest in seiner Hand hatte, und Militär und Beamtenschaft ihm persönlich zu schwören hatten. Lediglich die Gerichte blieben unabhängig.

Als die in der Frankfurter Paulskirche tagende Nationalversammlung Friedrich Wilhelm die deutsche Kaiserkrone anbot, lehnte er schroff ab und blieb seiner Idee vom mittelalterlichen Gottesgnadentum einmal mehr treu.

Wenn Friedrich Wilhelm sich seinen Pflichten als Politiker auch nicht entzog, so fühlte er sich doch stärker der Erfüllung seiner künstlerischen Neigungen verpflichtet, die er bereits in seiner Kindheit mit Elan kultivierte. Königin Luise verfolgte das künstlerische Engagement ihres Sohnes mit sichtbarer Freude, während es dem königlichen Vater eher Sorgen bereitete. Auch Jean Pierre Ancillon, der seit Fried-

Die Orangerie – Teil der unter Friedrich Wilhelm IV. erbauten »via triumphalis«.

rich Wilhelms 15. Lebensjahr zu dessen Erzieher bestellt worden war, beobachtete die musischen Neigungen seines Schützlings mit Distanz und ermahnte ihn: *»Ich sehe Sie schon die ganze Zeit mit der Bleifeder in der Hand zubringen. Für einen künftigen Schinkel wäre dies eine sehr nützliche Anwendung. Allein da der Staat nicht in einem gotischen Tempel besteht und noch nie ein Volk vermittels romantischer Bilder regiert worden ist, so wird dieses ewige Zeichnen für Sie eine wahre Verschwendung der edlen Zeit.«*

Doch verschwendet hatte am Ende Ancillon seine Zeit, denn Friedrich Wilhelm fühlte sich zeit seines Lebens als Architekt und hinterließ einige Tausend Zeichnungen, in denen er die architektonischen Grundideen von ihm gewünschter Bauwerke festhielt. Die führenden Architekten und Wissenschaftler seiner Zeit gehörten zu seinen engsten Vertrauten, so u. a. Karl Friedrich Schinkel, Alexander von Humboldt und Ludwig Tieck. Er selbst charakterisierte sich und seine königlichen Brüder auf einer Gesellschaft mit den Worten: *»Wenn wir als Söhne eines einfachen Beamten geboren worden wären, so wäre ich Architekt geworden, Wilhelm Unteroffizier, Carl wäre ins Zuchthaus gekommen und Albrecht ein Trinker geworden.«*

So gilt Friedrich Wilhelm IV. als bedeutendster Architekturdilettant des 19. Jahrhunderts. Seiner Künstlernatur folgend, fühlte er sich berufen, das von seinen Vorfahren begonnene Werk fortzusetzen und die Residenzen Berlin und Potsdam mit ihrem Umfeld zu einer weltweit geachteten Kulturlandschaft auszubauen. Dabei erklärte er Preußens großen Gartenkünstler Peter Joseph Lenné bereits unmittelbar nach der Thronbesteigung seine weitreichenden Pläne: *»Der Herzog von Dessau hat aus seinem Land einen großen Garten gemacht. Das kann ich ihm nicht nachmachen, dazu ist mein Land zu groß. Aber aus der Umgebung von Berlin und Potsdam könnte ich nach und nach einen großen Garten machen.«*

Karl Friedrich Schinkel, Ludwig Persius, August Stüler und Ludwig Ferdinand Hesse wirkten unter Friedrich Wilhelm IV. als maßgebliche preußische Architekten. Zwischen dem Potsdamer Pfingstberg und dem Park von Sanssouci sollte sich eine über 30 Gebäude vereinende »via triumphalis« erstrecken. Sie musste jedoch Fragment bleiben. Immerhin künden bis heute die mit 300 Meter Länge im Park von Sanssouci nach Entwürfen des Königs gebaute Orangerie (Persius, Stüler und Hesse, 1851/60), das Triumphtor und das Belvedere auf dem Pfingstberg von den phantastischen Plänen des romantischen Königs. Der tiefen Religiosität Friedrich Wilhelms IV. verdanken wir auch eine Reihe architektonisch bedeutender Sakralbauten, unter denen die Kirchen von Sacrow und Bornstedt sowie die Friedenskirche (Hesse und Arnim nach Plänen von Persius, 1844/54) von Sanssouci zu den markantesten zählen.

Doch auch zahlreiche kommerzielle Bauten unterstützte der dem technischen Fortschritt gegenüber aufgeschlossene König. Allen voran entstanden zahlreiche Bahnbauten. Während sein Vater beim Eintreffen des ersten von Berlin nach Potsdam (1838) fahrenden Dampfzuges negativ äußerte: *»Kann mir keine große Seeligkeit da-*

von versprechen, ein paar Stunden früher in Berlin und Potsdam zu sein.«, hatte es sich Kronprinz Friedrich Wilhelm nicht nehmen lassen, die Jungfernfahrt selbst mitzumachen.

Prophetisch äußerte er nach der spektakulären Reise: *»Diesen Karren, der durch die Welt rollt, hält kein Menschenarm mehr auf.«*

Friedrich Wilhelm IV. führte mit seiner Gemahlin Elisabeth von Bayern eine glückliche Ehe. Schon sechzigjährig, bekannte er freimütig, dass er noch immer in seine »Elise« verliebt sei. Doch auch dieses Glück sollte nicht ewig währen. Schwerkrank, übergab er die Regierungsgeschäfte, da er kinderlos geblieben war, 1857 an seinen Bruder Wilhelm. Am 2. Januar 1861 starb er im Schloss Sanssouci und wurde in der Potsdamer Friedenskirche beigesetzt. Bis zu seinem Lebensende war Friedrich Wilhelm IV. der unzeitgemäße konservative Monarch geblieben. Dass er sich dem Landtag gebeugt und auf die Verfassung geschworen hatte, konnte er sich bis zuletzt nicht vergeben. So blieb ihm nur übrig, seinen Nachfolger testamentarisch aufzufordern, sich nicht auf die Verfassung vereidigen zu lassen und alles zu tun, die unabhängige Macht der Krone wieder durchzusetzen.

Wilhelm I. – deutscher Kaiser und das Ende Preußens

Der profunde Preußenkenner Christian Graf von Krockow wertete das Lebenswerk Wilhelms I. mit den knappen, aber dafür treffenden Worten: *»Seine Leistung bestand und erschöpfte sich im Grunde darin, daß er 1862 den >wilden Junker< Bismarck zum Ministerpräsidenten berief und fortan trotz vieler Konflikte ertrug, einen Mann, von dem er zuvor gesagt hatte: der sei ihm unheimlich und flöße ihm einen inneren Widerwillen ein.«*

Dabei hatte die Geschichte Wilhelm I. während seiner über 90 Jahre währenden Lebenszeit wie wohl selten einem der Hohenzollern ungewöhnliche Herausforderungen abverlangt. Als Zweitgeborener war ihm der Königsthron von vornherein in unerreichbare Ferne gerückt, sodass er sich schon sehr früh einer ohnehin seinem Naturell besser entsprechenden soldatischen Laufbahn verschreibt und auf der militärischen Karriereleiter bald zum Generaleutnant aufsteigt. Nun erwarten ihn allerlei repräsentative Aufgaben im In- und Ausland, die der gutaussehende und hochgewachsene junge Mann mit Vergnügen wahrzunehmen versteht.

Die langjährige tiefe Liebe zu Elisa Radziwill, Tochter eines urpreußischen Fürsten, gestaltet sich zur Staatsaffäre. Am Ende erweist sich Wilhelm als braver Sohn, opfert seine Leidenschaft dynastischer Disziplin und heiratet im Juni 1829 die für ihn vom Königshaus vorbestimmte Prinzessin Augusta von Sachsen-Weimar-Eisenach. Mit Augusta kommt ein Hauch des offenen geistigen Klimas des Weimarer Hofes nach Preußen. Die Jahre im Schloss ihres Großvaters, des berühmten aufgeklärten Weimarer Großherzogs Karl August, dem Mäzen vom Goethe, Schiller und Herder, haben ihre intellektuelle und weltbürgerliche Art geprägt. In Babelsberg bei

Potsdam lässt sich das Prinzenpaar unter Federführung Schinkels im englischen Tudorstil eine voluminöse Sommer-Residenz erbauen und durch Lenné und Fürst Pückler-Muskau kunstvolle Parkanlagen gestalten, die heute zum unverzichtbaren Fundus der Potsdamer Kulturlandschaft gehören. In Berlin aber, wo sich Wilhelm bevorzugt aufhält, entsteht unter den Linden, unmittelbar gegenüber von Schinkels Neuer Wache, ein vergleichsweise bescheidenes Stadtpalais, das sein Hauptwohnsitz werden soll.

Im Jahre 1831 bringt Prinzessin Augusta einen Sohn zur Welt, der nach dem Großvater Friedrich Wilhelm genannt wird. Da bereits abzusehen ist, dass die Ehe des Kronprinzen kinderlos bleiben wird, ist die hohenzollernsche Erbfolge gesichert. Augusta und Wilhelm gehen nun immer mehr eigene Wege.

Während der 48-er Revolution macht sich Wilhelm als erbitterter und konsequenter Gegner der liberalen Barrikadenkämpfer von Berlin und des Badischen Aufstandes von 1849 einen unrühmlichen Namen als »Kartätschenprinz«. Seine schmähliche Flucht nach England wird zum Tiefpunkt seiner politischen Karriere.

Doch die Revolutionswogen glätten sich bald, und als sein königlicher Bruder Friedrich Wilhelm IV. 1857 schwer erkrankt, übernimmt Wilhelm stellvertretend und schon ein Jahr später als Prinzregent die preußischen Regierungsgeschäfte. Als sich Wilhelm I. nach dem Tod seines Bruders am 18. Oktober 1861 in Königsberg die Krone aufsetzt, steht er bereits im 65. Lebensjahr. Nun ist eingetroffen, was er

Das Babelsberger Schloss bevorzugte Wilhelm I. als seine Sommerresidenz.

nie angestrebt hat. Wilhelm ist Preußischer König wider Willen geworden. Der Konflikt mit dem preußischen Parlament und dem konservativ denkenden neuen König ist vorprogrammiert. Als ausgemachter Soldat liegt ihm die Reformierung und Stärkung der preußischen Militärkraft besonders am Herzen. Das Geld, das er dafür braucht, verweigert ihm das liberal bestimmte Parlament. Das Land droht unregierbar zu werden, und König Wilhelm I. verfasst bereits sein Abdankungsschreiben, als auf Anraten des Kriegsministers Albrecht Graf von Roon, Fürst Otto von Bismarck, der Preußens Interessen als Botschafter in Paris vertritt, in die Babelsberger Residenz gerufen wird.

In einem Vieraugen-Gespräch gelingt es Bismarck, den König von seinen Abdankungsplänen abzuhalten. Der preußische Junker erklärt sich bereit, die Kanzlerschaft anzutreten und notfalls gegen den Willen des Parlaments und ohne bestätigten Etat die Heeresreform durchzudrücken.

Bereits 1848 hatte Friedrich Wilhelm Bismarck eine mögliche Kanzlerschaft verweigert und dabei angemerkt: *»Nur zu gebrauchen, wenn das Bajonett schrankenlos waltet.«* Wilhelm I. äußerte noch 1859 abschätzig über Bismarck: *»Das fehlte noch, daß ein Mann das Ministerium übernimmt, der alles auf den Kopf stellen wird.«*

Nun aber ist Bismarck Kanzler. Und er handelt genauso, wie erwartet. Im Landtag erklärt er, wo es künftig langzugehen hat, und beklagt, dass Preußen bereits 1848 mit »Blut und Eisen« hätte durchgreifen müssen. In drei blutigen Kriegen erweist sich Bismarck nun als der »Eiserne Kanzler«: 1864 gegen Dänemark, 1866 gegen Österreich und schließlich 1870/71 gegen den Erzfeind Frankreich.

Preußen ist groß und mächtig wie niemals zuvor. Nun ist es nur noch eine Frage geschickter diplomatischer Winkelzüge des tatendurstigen Kanzlers, dass er seinem König die deutsche Kaiserkrone förmlich auf dem Tablett servieren kann. Den Widerstand, der sich im neu entstehenden Kaiserreich regt, denn auch andere Fürsten begehren die Kaiserkrone, bricht Bismarck mit Geld, mit Zugeständnissen und mit List.

Als sich schließlich die einmütige Reichstagsdeputation bei König Wilhelm I. anmeldet, um ihm offiziell die deutsche Kaiserkrone anzubieten, folgt der zunächst seinem Bruder, der dasselbe Anerbieten bereits 1849 abgelehnt hatte. Doch es ist nur ein letztes Zögern, dann nimmt er an, obwohl er bis zuletzt Zweifel hegt. Kaiser, so meint Wilhelm I., sei ja viel weniger als König von Preußen, denn König sei er von Gottesgnaden und Kaiser nur laut Verfassungsspruch. Doch der Streit mit Bismarck hat nur theoretischen Charakter. Am 18. Januar 1871 versammeln sich die deutschen Könige, Fürsten und Herzöge sowie Vertreter der Freien Stände im Spiegelsaal zu Versailles, um den preußischen König zum deutschen Kaiser zu krönen.

Gewiss ein listiges Datum, das sich Wilhelm I. traditionsbewusst auserwählt hatte. Am 18. Januar 1871 jährte sich nämlich jener ehrwürdige Tag zum 170. Mal, an dem sich Friedrich I. in Königsberg zum König in Preußen gekrönt hatte. Des historischen Unterschiedes war sich Wilhelm I. wohl bewusst. Damals war Preußen geboren worden. Mit seiner Krönung zum Kaiser war Preußen im Reich aufgegangen und hatte aufgehört als selbstständiger Staat weiter zu existieren.

Nun folgten mit der französischen Kontribution, dem »welschen Geld« die fieberhaften »Gründerjahre«. Berlin als Reichshauptstadt erlebte einen einmaligen Bauboom und wirtschaftlichen Aufschwung. Der alte Kaiser aber wirkte mitten in Berlin, in seinem bescheidenen Palais Unter den Linden, wie ein in die Neuzeit gerettetes lebendes preußisches Denkmal. Als er am 9. März in seiner Berliner Palais-Wohnung kurz vor Vollendung seines 91. Lebensjahres stirbt, ahnt noch niemand, dass dieses Jahr 1888 zum Dreikaiserjahr werden wird.

Friedrich III. – deutscher Kaiser für 99 Tage

Als der 56-jährige Friedrich III. im März 1888 den deutschen Kaiserthron bestieg, war er bereits ein sterbenskranker Mann. In seiner nur auf 99 Tage bemessenen Regierungszeit reichte die durch ein Kehlkopfkrebsleiden aufgezehrte Schaffenskraft nur noch für eine einzige in die Zukunft weisende Amtshandlung, Preußens Zustimmung zur Verlängerung der Legislaturperiode des Parlaments von drei auf fünf Jahre. Selbst sein bei Regierungsantritt verfasster programmatischer Erlass an den Reichskanzler Bismarck erfüllte jene liberalen Erwartungen nicht, die eine ganze Generation von ihm als Hoffnungsträger eines neuen freiheitlichen Deutschlands ersehnt hatte.

Jahrelang hatte der Kronprinz mit dem »Eisernen Kanzler« im Streit gelegen, sodass viele auf Demokratisierung des Reiches hoffende Liberale als logische politische Konsequenzen dessen Entlassung und das Errichten einer konstitutionellen Monarchie nach englischem Vorbild erwarteten. Doch selbst dazu reichte die Kraft Friedrichs nicht mehr. In einem Vieraugen-Gespräch setzte Bismarck seine Bedingungen für das Verbleiben im Amt und stellte damit die Weichen für den weiteren politischen Weg des Reiches: Begrenzung der Befugnisse des Parlaments und keinerlei Fremdbestimmung von außen, womit er das von ihm gehasste liberale England meinte.

Dabei waren die Hoffnungen, die vor allem das liberal denkende Bürgertum in den zweiten deutschen Kaiser setzte, nicht einfach aus der Luft gegriffen. Friedrich III. hatte als erster Brandenburger Hohenzoller ein akademisches Studium, und zwar an der zu den liberalsten deutschen Hochschulen zählenden Bonner Universität, absolviert. Und da es ihm bisweilen an kritischer Urteilsgabe mangelte, konnten stärkere Persönlichkeiten auf ihn Einfluss nehmen, allen voran seine Mutter, Kaiserin Augusta, und seine Gemahlin, die englische Prinzessin Viktoria. Beide Frauen beeinflussten den Kronprinzen Friedrich sowohl im Sinne der aufgeklärten Weimarer Klassik als auch im Sinne liberaler englischer Denkungsart.

Viel ist deshalb von Historikern unterschiedlicher Couleur gerätselt worden: was wäre wenn? Dabei ist es müßig, der Frage nachzugehen, wie Deutschland wohl ausgesehen haben möge, wenn Friedrich III. und seine Viktoria ein Vierteljahrhundert früher zu Kaiserwürden gelangt wären. Sebastian Haffner meint dazu in seinem Werk »Preußen ohne Legende«, dass die beiden *»die preußische Monarchie zu einer parlamentarischen Monarchie nach englischem Vorbild«* ausgestaltet hätten.

Doch die bittere historische Wahrheit lautete eben anders. Mit Friedrichs raschem Tod am 15. Juni 1888 starben zugleich alle Träume einer deutschen Demokratie. Der Thronfolger, Friedrichs und Viktorias gemeinsamer Sohn Wilhelm, ließ, noch während der Kaiser im Sterben lag, Schloss Friedrichskron mit verstärkten Postenketten bewachen, um Viktoria angeblich daran zu hindern, Staatspapiere beiseite zu schaffen. Als sie sich ob dieser Pietätlosigkeit bei Wilhelm und auch bei Kanzler Bismarck beschweren wollte, fand sie kein Gehör. Die Ära Wilhelms I. hatte bereits begonnen. Die Kaiserwitwe Viktoria zog sich mit ihren Töchtern von Schloss Friedrichskron auf ihr Krongut nach Bornstedt zurück, von wo sie den folgenden, das ganze historische Drama verdeutlichenden, Brief an ihre Mutter, die alte englische Queen, schrieb: *»Ich bin mit meinen drei lieben Töchtern hierher auf unser kleines Gut geflohen . . . Nun wird er begraben! – und aus dem lieben Hause, in dem er ge-*

Bornstedt – das einstige Krongut Friedrichs III.

boren wurde, in dem er gestorben ist, in dem wir fast dreißig glückliche Sommer verbracht haben, was wir als unser Heim betrachteten, hinausgetragen. Wie froh und stolz war er, als er es zum ersten Male sein Eigen nannte. Wieviel Pläne faßte er zu seiner Vervollkommnung und Verschönerung! Er hat nur kurze vierzehn Tage der Krankheit und Schwäche in ihm verbracht, aber er war von Liebe und Sorgfalt umgeben . . . das ganze Volk fühlte mit mir, mit Ausnahme derjenigen, die uns nicht lieben und uns feindlich gegenüberstanden – dreißig Jahre lang. Sie haben nun die Macht! Wir hatten eine Aufgabe, das fühlten und wußten wir. Wir waren dem treu, was wir als Recht erkannt hatten, an das wir glaubten. Wir liebten Deutschland – und wünschten es groß und stark zu sehen, nicht nur durch das Schwert, sondern in allem, was Gerechtigkeit, Kultur, Fortschritt und Freiheit bedeutete. Wir wünschten das Volk glücklich und frei, in Wachstum und Entwicklung alles Guten zu sehen. Wir haben uns eifrig bemüht, zu lernen, zu studieren und uns für die Zeit vorzubereiten, die uns zum Werk an der Nation rufen würde. Viel Erfahrung hatten wir gesammelt. Bitter erkaufte Erfahrungen!!! Und nun ist alles umsonst gewesen.«

Friedrich III. fand im Mausoleum an der Potsdamer Friedenskirche die letzte Ruhe. Die Residenz des 99-Tage-Kaisers Friedrichkron hieß wieder Neues Palais.

Kaiser Wilhelm II. und das Herrschaftsende der Brandenburger Hohenzollern

Mit Kaiser Wilhelm II. endet die 500-jährige Hohenzollern-Herrschaft in Brandenburg und Preußen. Er fühlte sich im Gegensatz zu seinem Großvater, der für ihn statt des Vaters als verehrte Leitfigur galt, eher als Deutscher denn als Preuße. Trotzdem führte er den Titel »König von Preußen« traditionsgebunden vor der Kaiserwürde. Prunksüchtig, geltungsbedürftig und eitel, genoss Wilhelm II. die ihm kraft seiner Geburt zugewachsene Macht als deutscher Kaiser in vollen Zügen.

Dabei stieß sein theatralisches und selbstgefälliges Auftreten im Volk anfangs sogar auf beachtliche Gegenliebe, denn ebenso stellte sich der Kleinbürger des gewaltig prosperierenden und nun mächtigen Großdeutschland seine kaiserliche Repräsentationsfigur vor. Der Schriftsteller Stephan Lacker beschreibt die Kaiserverehrung mit den Worten: *»Bis zu meinem achten Lebensjahr in Berlin waren wir Untertanen. Wenn Wilhelm der Zweite im offenen Auto mit Hupendreiklang – >Der Kaiser kommt!< – Unter den Linden dahinbrauste, standen die Zivilisten auf den Bürgersteigen stramm. Sie fühlten sich sogar enorm geehrt, Untertanen sein zu dürfen. In unserer Schule wurde der Kaiser folgendermaßen besungen: >Fühl in des Ruhmes Glanz die hohe Wonne, Liebling des Volkes zu sein!<«* Und der Bayer Ludwig Thoma schrieb: *»Der merkwürdige Hang zum Opernhaften hat unser loyales Bürgertum dazu gebracht, in Wilhelm II. die Verkörperung der Ideale zu sehen . . . Kein Ding konnte mehr nüchtern oder in der Stille geschehen. Auch das Einfachste vollzog sich in bengalischer Beleuchtung.«*

Wilhelms Vorliebe für das Militärische und für Uniformen steigerte sich bis ins Lächerliche. So brachte er es fertig, seine Uniform bis zu sechsmal täglich zu wechseln. Gar mancher Bürger aus der Provinz fuhr damals in die Reichshauptstadt, nur um den Kaiser zu sehen. »*Kaiser jesehn´ – Berlin jesehn´!*«, war eine Redensart, die dieses Phänomen verdeutlichte.

Auch in der Auswahl seiner Domizile verhielt er sich weit weniger bescheiden als sein Großvater, obwohl er die politischen Ziele und Traditionen Wilhelms I. lückenlos fortsetzte und bestrebt war, die nur 99 Tage währende Interimsherrschaft seines Vaters aus dem Gedächtnis des Volkes zu streichen. So verwendete er umfangreiche Mittel, um seine Schlösser auszubauen und mit dem modernen technischen Komfort auszustatten. Zu seiner bevorzugten Sommerresidenz wählte er das von seinem Ahnen Friedrich dem Großen erbaute protzige Potsdamer Neue Palais.

Weniger auffällig als der Kaiser gibt sich die Kaiserin Auguste Viktoria von Schleswig-Holstein, die im Volk schlicht Auguste genannt wird. Der holländische Kaiser-Biograph de Jonge charakterisiert die Kaiserin wie folgt: »*Sanftmütig,*

Schloss Cecilienhof – letzter Schlossbau der brandenburgischen Hohenzollern.

still, bescheiden und vor allem fromm, am liebsten mit einer Handarbeit beschäftigt, ohne irgendeinen politischen Einfluß. Sie schenkte ihrem Ehemann sechs Söhne und eine Tochter, trotz der Redereien über Wilhelms intime Freundschaft mit dem homosexuellen Grafen Philipp von Eulenburg und seiner Neigung, hübschen Offizieren einen Klaps auf den Popo zu geben. Kurzum die ideale Frau in Bismarcks, aber auch in Wilhelms Augen, der sich fürchterlich über die Einmischungen seiner Mutter ärgerte und vielleicht gerade deswegen die folgsame und hingebungsvolle Dona als Braut gewählt hatte.«

Doch Biedermeieridylle und Kaiserverehrung dauern nicht ewig. Als sich die europäischen Großmächte entschließen, gemeinsam den chinesischen Boxeraufstand mit militärischer Gewalt niederzuschlagen, zeigt der schnittige Kaiser, dass er und seine Truppen ihre bunten Uniformen nicht nur zum Opernball tragen. Bei der Verabschiedung des deutschen Expeditionskorps am 27. April 1900 in Wilhelmshaven fordert er wütend: *»Pardon wird nicht gegeben! Gefangene werden nicht gemacht! Wer Euch in die Hände fällt, ist Euch verfallen! Wie vor tausend Jahren die Hunnen unter ihrem König Etzel sich einen Namen gemacht, so möge der Name Deutscher in China auf tausend Jahre durch Euch in einer Weise bestätigt werden, daß niemals wieder ein Chinese es wagt, einen Deutschen auch nur scheel anzusehen!«*

Wilhelms unrühmliches Engagement im fernen China sollte jedoch nur die Spitze des Eisbergs seiner expansionistischen Außenpolitik sein, die immer stärker von der Forderung geprägt ist, Deutschland endlich die Weltmachtstellung zu erkämpfen, die seiner wirtschaftlichen Stärke zukommt. Längst hat der Kaiser den Traum von einem starken nur auf Mitteleuropa begrenzten deutschen Reich aufgegeben. Jetzt geht es dem Kaiser darum, neben England »einen Platz an der Sonne« zu erstreiten. Bismarcks zwar anfälliges, aber immerhin mit Augenmaß auf europäischen Interessenausgleich und friedliche Balance geschmiedetes Bündnissystem wird leichtfertig in Frage gestellt. Der Kaiser treibt Deutschlands Aufrüstung zu Lande und zur See mit brachialer Gewalt voran. Der verheerende I. Weltkrieg, auf den die imperiale Politik aller europäischen Großmächte hinsteuert, ist die logische Folge.

Millionen Tote und Verstümmelte sind die katastrophale Bilanz dieses ersten Völkermordens des technischen 20. Jahrhunderts. An dessen Ende werden die politischen Karten Europas neu gemischt. In Russland geben die Bolschewiki das Signal. Sie beenden die Herrschaft der Romanows, ermorden die gesamte Zarenfamilie und errichten ihre sozialistische Diktatur. Wilhelm II. kommt glimpflicher davon. Die deutsche Republik verhält sich dem Hohenzollern gegenüber kulanter. Er darf in aller Ruhe am 9. November 1918 den Verzicht auf den preußischen Königsthron und die damit verbundene Kaiserwürde erklären und mit 58 randvoll bepackten Eisenbahnwaggons ins holländische Exil abdanken. Deutschland war nun eine bürgerliche Republik. Die 500-jährige Hohenzollern-Herrschaft war beendet. Wilhelm II. starb am 4. Juni 1941 in seiner holländischen Residenz in Doorn. Die Deutschen aber hatten andere Sorgen, als um ihren Exkaiser zu trauern.